卢沟桥纪事

U0883464

27 读·党史

第27辑

卢沟桥纪事

周进　冯雪利 /主编

中共党史出版社

图书在版编目(CIP)数据

卢沟桥纪事/周进,冯雪利主编.—北京:中共党史出版社,2017.3(2022.7 重印)

(读·党史)

ISBN 978-7-5098-3506—7

Ⅰ.①卢… Ⅱ.①周… ②冯… Ⅲ.①七·七事变—史料
Ⅳ.①K265.406

中国版本图书馆 CIP 数据核字(2015)第 309224 号

启事:本书选用的部分文字、图片,来源于各正式出版物。其中还有部分作品尚未与有关作者、编者取得联系,我们深感不安。恳请有关权利人联系我社,我们将按《著作权法》的相关规定支付稿酬。(联系人:陈海平 电话:010—82517160)

出版发行:中共党史出版社
责任编辑:黄 艳
责任校对:龚秀华
责任印制:谷智宇
社 址:北京市海淀区芙蓉里南街6号院1号楼
邮 编:100080
网 址:www.dscbs.com
经 销:新华书店
印 刷:北京君升印刷有限公司
开 本:145mm×210mm 1/32
字 数:115 千字
印 张:5
印 数:3101—5100 册
版 次:2017 年 3 月第 1 版
印 次:2022 年 7 月第 2 次印刷

ISBN 978-7-5098-3506-7

定 价:15.00 元

此书如有印制质量问题,请与中共党史出版社出版部联系
电话:010—82517197

卢沟醒狮/周　进

80年前的7月7日，卢沟桥一声炮响，炸醒了沉睡中的国人，点燃起全民族的抗日烈火，熊熊燃烧，波澜壮阔。人们激奋了，局面紧张了，广大爱国之士勇敢地站出来为民族为军队服务，为那胜利的火花翘首期盼，大家都有一个共同的愿望——抵抗日本帝国主义横暴无理的挑衅！

“桥上睡狮今渐醒，似知匕首已临头。”全民族的爱国力量，聚集在抗日的大旗之下，一浪接一浪的抗日呼声，响彻寰宇！卢沟桥畔的官兵发出了“宁为战死鬼，不作亡国奴”的呐喊，这也是全国人民的呐喊！从此，全国各族人民不分党派，不分阶级，不分阶层，纷纷义无反顾地投入到保家卫国的滚滚洪流中，筑起了捍卫中华民族的钢铁长城。八年国殇，一朝涅槃，中国人民终于赢得了这场战争的胜利。

在中国人民抗日战争的壮阔进程中，形成了伟大的抗战精神，中国人民向世界展示了天下兴亡、匹夫有责的爱国情怀，视死如归、宁死不屈的民族气节，不畏强暴、血战到底的英雄气概，百折不挠、坚忍不拔的必胜信念。伟大的抗战精神，是中国人民弥足珍贵的精神财富，永远是激励中国人民克服一切艰难险阻、为实现中华民族伟大复兴而奋斗的强大精神动力。

战争的硝烟已然散去，但中华儿女用鲜血换来战争胜利的历史将永载史册，抗战精神将薪火相传。80年过去了，卢沟桥的石狮仍在诉说着往事，卢沟桥的炮声依然回荡在耳畔。牢记历史，警钟长鸣。回顾历史是为了更好地展望未来。如今，我们已经站在新的历史高度，更应该时时牢记那段屈辱历史孕育的伟大抗战精神，牢记自己肩上的重任，砥砺精神意志，为实现中华民族伟大复兴的中国梦而奋斗。

目录

CONTENTS

目录

CONTENTS

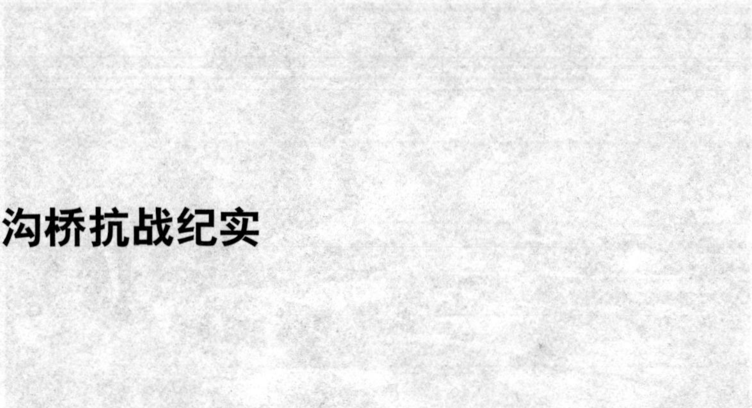

卢沟桥抗战纪实

日本与中国是隔海相望、一衣带水的近邻，有着几千年和平相处的历史。随着明治维新以后国力的增强，日本的扩张欲望也不断上升，逐渐形成了以中国为主要侵略对象的大陆政策。1927年田中内阁“东方会议”召开后，日本的侵华舆论甚嚣尘上。日本盘踞在中国东北的各侵略机关、国内的军政要人、民间右翼团体代表，用各种形式鼓噪“满蒙特殊论”、满蒙是日本的“生命线”、日本占领东北是“理所当然的”等等。于是，首先发动九一八事变以解决满蒙问题，然后经由华北征服中国和世界成了当时日本大陆政策的基本方针。日本也开始了近代史上规模最大、时间最长、危害最大的侵华战争，拉开了第二次世界大战的序幕。

华北事变后，日本帝国主义广泛开展战争动员，实行扩军备战，继续对华步步进逼。1936年4月，组建不久的广田弘毅内阁发布命令向中国华北增兵，强化华北驻屯军，将华北驻屯军司令官由军部任命改为由天皇直接委任，即“亲补职”；将驻屯军的一年交替制改为永驻制。紧接着，裕仁天皇亲自任命陆军第一师团长田代皖一郎中将出任中国驻屯军司令官，桥本群少将为参谋长，司令部仍设在天津，下辖驻屯军步兵旅团、守备队、宪兵队等部。其中，步兵旅团为主力，旅团长河边正三，

1927年6月27日，日本内阁在“东方会议”上制定了侵华的政策纲领。图为“东方会议”召开情形，右起第三为内阁首相田中义一。

旅团部设在北平。5月上旬至6月，日军分八批次从日本国内进抵华北，形成一个拥有步兵联队、炮兵联队、通信联队、航空联队、战车队、骑兵大队等多兵种的军事集团。关于增兵总人数，东京公布为6000人，连同原驻华北2400人，合计为8400人。而实际增兵人数远远超过这一数字。据上海《申报》1936年9月的调查，增兵后的中国驻屯军人数不下14000。

随着日军增兵的实现，驻屯军挑衅愈演愈烈。1936年9月，日军通过两次“丰台事件”强占北平门户丰台镇，严重加剧了华北的紧张局势。10月至11月，日军举行秋季大操演，以北平为假想进攻目标，以卢沟桥、宛平城为重要攻击点，参加部队近10000人，演习范围达四平方公里，规模之大，前所未有。在北平市区内，日本人也进行军事演习。他们常常不征得中方同意，就擅自在东单牌楼和长安街邻近东交民巷使馆区一带演习巷战，坦克的隆隆声不绝于耳，钢铁履带将东长安街的路面压得凹凸不平。日军甚至在民房上架起机枪，筑起沙袋工事，那些手执武器的日本军人，成群结队地在屋顶上踩来踏去，对垒演习，如入无人之境。

西安事变和平解决以后，日本帝国主义决定乘中国国共两党趋向合作而联合尚未巩固，英、法、美等国给予蒋介石南京政府一定的援助但态度并不甚积极的时候，发动全面侵略战争，以扩大它在中国大陆的殖民统治地区，同时缓和其国内矛盾，加强它同其他大国对抗的地位。

卢沟桥和宛平城既是南下的要冲，又是北京的咽喉，自古是军事要地。日军以丰台营舍不够居住为由，向宛平专员公署提出在丰台与卢沟桥之间北侧的大井村修筑兵营和机场，遭到宛平县县长王冷斋严词拒绝。图谋失败后，日军在卢沟桥附近加紧军事演习，由白天演习渐至夜间演习，由虚弹射击渐至实弹射击。中方屡次提出抗议，日军置若罔闻。一木清直大队以军事演习为掩护，常到宛平城、卢沟桥一带活动，侦察地形。最初演习是每月或半月一次，后来每三至五日就进行一次。有几次还借口野外演习，要求穿过宛平城和卢沟桥，都被中方拒绝。日军为了达到在永定河西岸进行演习的目标，曾多次与驻宛平城和卢沟桥的二十九军发生争执。后来，日军又向冀察政务委员会交涉，冀察政务委员会作出妥协，给二十九军守城部队下命令，准予日军进宛平城，但必须通知地方当局。从此，日军可以进出宛平城，但一直没有被允许通过卢沟桥。

从此，日军对卢沟桥和宛平城的军事挑衅越来越频繁。1937年6月，驻丰台日军一部以攻夺宛平城为目标，不分昼夜地进行演习。6月

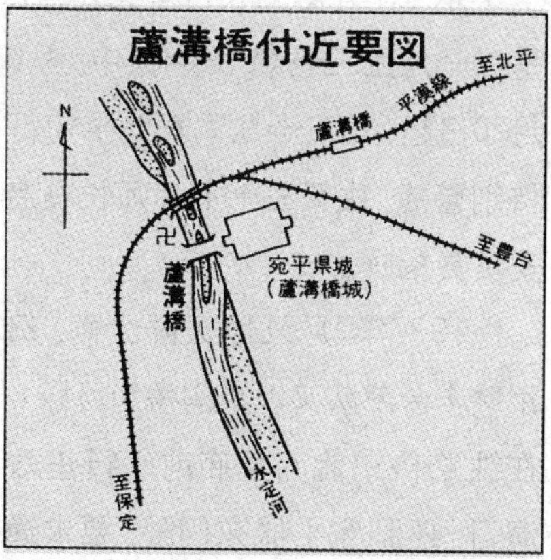

日本人绘制的《卢沟桥附近要图》。

21日，中国驻屯军紧急成立了临时作战课。此时，在东京政界的消息灵通人士之间，私下盛传着：“七夕的晚上，华北将重演柳条湖一样的事件。”

面对日军随时可能发动战争的紧急局面，驻守北平的中国军队进行了严密的警戒，密切监视日军行动，一面向日军提出抗议，一面也以实弹演习相对抗。6月初开始，第二十九军加强了对北平市区、郊区的巡逻和城门的守卫，把在卢沟桥一带的兵力增加到1400人，由三十七师一一〇旅二一九团第三营防守，并构筑了阵地工事。负责具体防务的两个关键人物，一个是二一九团团长吉星文，一个是二一九团三营营长金振中。从6月26日起，第二十九军对北平实行特别警戒，由第三十七师师长冯治安负责指挥。

1937年7月6日，天降大雨。日军驻丰台部队又以卢沟桥为目标，在铁路桥东北回龙庙前举行进攻演习，还到宛平城东门外，要求通过宛平城到长辛店一带演习，被中国驻军严辞拒绝。双方相持十几个小时，直至天色渐晚，日军才快快退去。

面对一触即发的形势，身负防守重任的一一〇旅旅长何基沣命令部队：一、不准日军进城；二、如日军武力侵犯则坚决回击；三、我军守土有责，决不退让。放弃阵地，军法从事。要求二一九团密切监视日军行动，并命令全体官兵“如日军挑衅，一定要坚决回击”。驻守宛平城的三营官兵连日来目睹日军的频繁演习，早已愤慨万分，一致表示：誓死抵抗，愿与卢沟桥共存亡。

7月7日上午，日军又到卢沟桥以北地区演习。第一一〇旅旅长何基沣立即将情况向在保定的第三十七师师长冯治安报告。冯治安火速返回北平。下午，日军驻丰台的河边旅团第一联队第三大队第八中队，在中队长清水节郎带领下进至卢沟桥西北龙王庙附近，声称要举行夜间演习。19时30分，暮色降临，日军夜间演习开始，近600人的部队迅速行动。22时40

中国士兵在卢沟桥上巡逻。

分，在宛平城东北方向突然响起了枪声。少顷，几名日军来到宛平城下，声称丢失一名士兵，无理要求进城搜查，被守城官兵拒绝。日军立即开枪示威，并向城内发射炮弹。城内仅营房就被炸塌六间，士兵被炸死二人、炸伤五人。

事发当晚，中日双方进行了多次交涉。8日0时许，北平特务机关长松井太久郎给冀察政务委员会打电话，要求允许日军进入宛平城搜索"失踪"的士兵，并声称如不允许，日军将以武力保卫前进。第二十九军副军长兼北平市长秦德纯接到冀察政务委员会的情况报告后，当即答复："卢沟桥是中国领土，日本军队事先未得我方同意在该地演习，已违背国际公法，妨害我国主权，走失士兵我方不能负责，日方不得进城检查，致起误会"，并答应"等天亮后，令该地军警代为寻觅，如查有日本兵，即行送还"。

2时，冀察绥靖公署致电秦德纯，称日方对其答复不满，强行要派队进宛平城检查，否则包围该城。事实上，日军士兵志村菊次郎并未丢失，而是因解手离队，"失

驻防宛平城的中国守军紧急出城赴战。

踪”20分钟后即归队。

3时半，吉星文得知日军步兵大队携带大炮由丰台向卢沟桥前进，随即电话报告秦德纯，秦当即指示：“保卫领土是军人天职……牺牲奋斗，坚守阵地，即以宛平城和卢沟桥为吾军坟墓，一尺一寸国土，不可轻易让人。”

当北平的日本驻屯军步兵联队一面用和谈威逼利诱二十九军，一面调兵遣将准备扩大战争，日本驻屯军司令官田代皖一郎在天津召开会议，下达进攻命令。约5时，日军已在宛平城东、东南及东北侧展开包围态势。6时许，双方派出人员到达宛平县署，日方提出无理要求，仍坚持进城搜索失踪士兵，中方不许。

日军第一联队第三大队主力在大队长一木清直指挥下，向龙王庙铁路桥扑来，要求在中国守军阵地搜寻“失踪士兵”，在铁路桥头遭到第十连申仲明（中共秘密党员）排长的严词拒绝，日本侵略者突然开枪射击，申仲明中弹倒地。他的牺牲，激怒了守桥卫士，两个排在李毅岑排长指挥下，不畏强敌，英勇战斗，用大刀砍、枪刺扎，同日军展开了肉搏，几乎全部牺牲。日军占领龙王庙和铁路桥东头。与此同时，日军突然以宛平城东门为主要目标炮轰宛平城，炸毁了营指挥部，造成吉星文等人受伤。

未达目的的日军继续准备发动新的攻势。华北驻屯军司令部对驻天津部队下达准备出动命令，并命令在秦皇岛检阅部队的河边正三旅团长立即返回北平。华北驻屯军军部命令第一联队队长牟田口："一、我军要确保永定河东岸卢沟桥附近，谋求事件的解决；二、步兵旅团长应解除永定河东岸卢沟桥附近中国军队的武装，以利于事件的解决。"

8日13时，日军牟田口赶到宛平城东北的沙岗前线，亲自指挥作战。15时50分，华北驻屯军步兵旅团长河边正三也赶到丰台督战。由于驻守宛平的二十九军爱国将士坚决抵抗，日军几次进攻未果，河边便命令第3大队在龙王庙附近渡过永定河，占领西岸，待援军到达后，9日拂晓再攻宛平城。

等待援军准备进攻的日军不断玩弄假和谈阴谋，试图拖延时间。8日16时，牟田口派人送信进城请王冷斋或金振中出城谈判。金振中当即在来信信封背后写了

日军第一联队队长牟田口廉也（右四）指挥日军进攻卢沟桥。

“城和桥的守兵，誓与城桥共存亡”等文字，以守土有责，不便擅离职守为由回绝了牟田口。17时，牟田口又派人送函，向宛平城下最后通牒，限中国军队在当日20时前撤退至西岸，日军也撤至东岸，逾时即实行以大炮攻城。

第二十九军守城将士沉着应战，奋起抵抗，进攻的日军一次次被击退。8日下午，二十九军从长辛店以北至八宝山以南同时向日军反攻，将战斗开始不久失守的铁路桥及其附近的龙王庙等处夺回。此后三日内，双方在卢沟桥铁桥和龙王庙一带进行了数次拉锯战，双方均增援部队，战事逐渐扩大。10日上午，日本特务机关长松井希望停战会商，并要求中方以保安队接替吉星文团的防务。

7月11日，二十九军收复桥头堡失地，完全恢复了永定河东岸的态势，减少了宛平城侧后的威胁。

日本侵略者对中国人民抗日的能力估计过低，对中国守军的坚决回击出乎意料。他们见势不利，采取缓兵之计，称失踪日兵已经寻获，向中方提出和平解决的要求，先后四次与中方进行谈判。蒋介石当时仍然对日本抱有幻想，南京政府也想把卢沟桥事变只限于“局部事件”来处理，冀察政府一味相信和谈，结果丧失了战机，在日军大部兵力尚未开到的时候，未能给驻丰台日军以歼灭性的打击，造成以后战事的完全被动。

7月11日晚，日本政府发表《关于向华北派兵的政府声明》，歪曲事变真相，为其武装侵略行为竭力辩护，是日本政府进一步发动侵华战争的宣言。随即，日本参谋总长就对关东军司令部发出“临参命第五十六号”令，命令关东军急速派遣独立混成第一、第十一旅团主力、飞行集团一部（六个中队）、高射炮两个中队、铁道第三联队主力等部开赴华北，受华北驻屯军司令官指挥；发出“临参命第五十七号”令，命驻朝鲜的第二十师团迅速开赴天津、唐山、山海关附近集结。

当晚，宋哲元从山东乐陵老家返抵天津，在亲日分子怂恿下

東京日日新聞

日支兩軍交戰

馮部隊蘆溝橋で
わが部隊に突如發砲

我軍應射 激戰展開

龍王廟占據 蘆溝橋で武裝解除

不遜行爲を繰返す

支那軍 撤退の模様なし

一時停戰決定

砲煙を潜り觀戰

機關銃の亂射を浴び

事態收拾の鍵

支那側の誠意如何に

二勇士戰死

1937年7月9日，日本《东京日日新闻》在日本国内进行有关七七事变的歪曲报道，严重误导日本国民。

与日方开始接触谈判。13日，宋竟然下令从14日起解除北平戒严，释放被捕日人，严禁与日军摩擦。但是，他的一味退让并未满足日军。15日，日军决定动员国内大部分航空部队（18个中队）编成“临时航空兵团”派到华北。同日，华北驻屯军制订了以冯治安第三十七师为主要目标的两期作战计划。

日军的屡次背信弃约，使宋哲元在企望和平的同时，又有些犹疑。他命令部队死守阵地，不许主动出击，部队的行动只是为了配合谈判。因此，二十九军一直处于既无统一作战方案，又无统一作战指挥的状态。在前线打仗的部队，得不到良好的装备补充，运输、通讯等工作几乎全仗地方政府相助。7月16日，奉命增援华北的关东军独立混成第一旅团由旅团长酒井镐次率领经古北口抵达密云。

17日，蒋介石在庐山发表谈话，指出：中国政府对于卢沟桥事变的总原则是“希望和平而不求苟安，准备应战而决不求战”，“如果战端一开，就是地无分南北，年无分老幼，无论何人，皆有守土抗战之责任，皆应抱定牺牲一切之决心”。当天国民党统帅部决定，在目前的形势下，既不对日宣战，也不对日断交。这就为日后的对日妥协留下了很大的余地。

当天，何应钦致电宋哲元，指出：综合近日情报，日本已从国内调动大批军队，陆续运送到平津，卢沟桥正面敌人正加紧构筑工事，“弟意宜以北平城、南苑及宛平为三个据点，将主力集结，构筑工

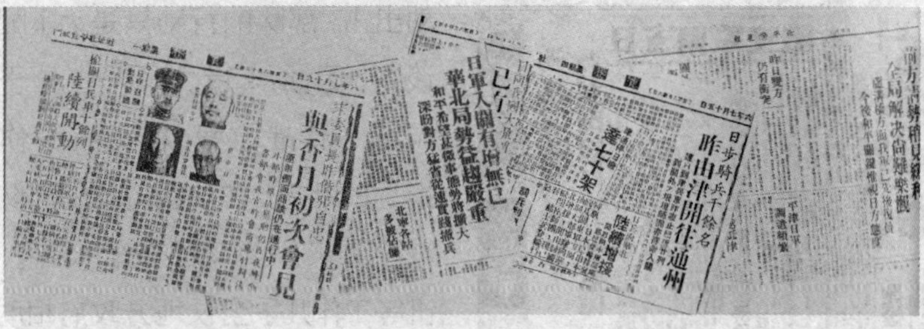

北平《晨报》《实报》关于日军一面谈判一面增兵的报道。

事，作持久抵抗之准备”。

但宋未予理会。18日，宋哲元借参加16日病亡的田代皖一郎葬礼之机，与新任日军华北驻屯军司令香月清司见面，以表示互相道歉。19日晨，宋哲元乘北宁路专车离津赴平。21日，日军再次炮轰宛平城、长辛店中国守军。

鉴于事态日益严重，国民党军事当局开始商讨作战计划与战法，并确定了战斗序列。22日，蒋介石致电宋哲元，不同意拆除北平城内防御工事，要求二十九军“刻刻严防，步步留神，勿为所算”。23日，国民政府宣布了“惩治汉奸法”，并准备设置“总动员设计委员会”。

25日，宋哲元下令中止中日间的谈判交涉，并开始布置备战工作，命令三十七师停止南调，全部到城外集结待命；令石友三的保安队在西苑布防；秘密调集赵登禹一三二师一个团进驻北平；令一三二师主力在永定河以南集结，并令该师石振纲旅接替北平城防。秦德纯很快也制订了收复丰台的战斗计划。

由于日军执意发动全面侵华战争，平津局势不可遏止地趋向恶化。战火开始向廊坊蔓延。廊坊，位于平津之间，当时是河北安次县的一个小镇，被北宁铁路线分为南北两部分，战略地位非常重要。驻守此地的二十九军三十八师一一三旅二二六团于25日打响了廊坊保卫战。同日，何基沣旅附炮兵一个营乘敌不备，一度收复丰台。

26日，北平特务机关长松井代表香月清司向29军呈递华北驻屯军向二十九军的最后通牒，蛮横要求中方将"驻卢沟桥及八宝山附近之第三十七师，促其于27日正午以前，退至长辛店，又将北平城内之第三十七师与西苑之该师部队，同时退往平汉路以北区域，至本月28日正午为止，须迁至永定河以西之地带，嗣后仍须将此项军队运往保定方向"。如果中国军队不按此办理，日军就要采取"独自之行动"。最后通牒遭宋哲元断然拒绝。

26日，华北驻屯军第二联队第二大队500余名日军试图通过广安门强行闯入北平城，遭驻守的二十九军一三二师第二十五独立旅第六七九团刘汝珍部阻击发生广安门事件，未能进城。

香月清司对日军在广安门受挫和最后通牒遭宋哲元拒绝甚为恼怒。在日本当局授意下，于27日下令向中国军队发起总攻。只因北平城内日本侨民未能按计划全部撤出，进攻时间又改为28日。但是，局部进攻已经拉开了战幕。

27日凌晨，日军向驻扎在通县和团河的中国军队突然袭击。不久，通县、团河均告失守。同日，廊坊守军虽然顶住了日军飞机、装甲车和步兵的配合作战攻势，但因全局被动不得不撤出。

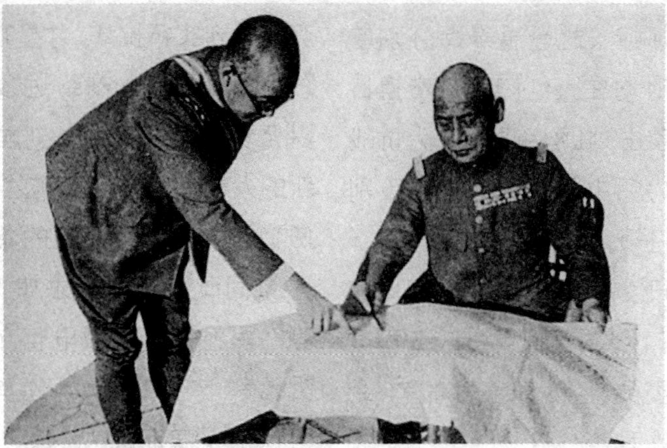

日本中国驻屯军司令官香月清司（右）指挥日军进攻中国军队。

二十九軍副軍長
佟麟閣陣亡
趙登禹鄒大章傳亦身殉

《世界日报》有关佟麟阁、赵登禹等人阵亡的报道。

27日深夜，日军开始向南苑、北苑发起进攻。宋哲元及二十九军将领向全国发表自卫守土通电，共同表示固守北平，誓与城垣共存亡。宋下令设立北平城防司令部，任命冯治安为城防司令，二十九军军部由南苑移驻北平，委派一三二师师长赵登禹为南苑方面指挥官。

28日晨，日军出动飞机数十架，掩护机械化部队，向北平近郊的南苑、西苑、北苑发起全线进攻。最为惨烈的要数南苑。因敌人的狂轰滥炸，南苑各部队之间的联系完全中断，无法实现统一指挥。二十九军副军长佟麟阁、一三二师师长赵登禹奉命分别率部撤退时均在大红门一带遭遇日军伏兵袭击，壮烈殉国，成为抗战全面爆发后中国军队牺牲的级别最高的将领。

29日凌晨，二十九军全军撤离北平，留下张自忠任冀察政务委员会代理委员长，处理善后事宜。北平沦入敌手。

卢沟桥事变的爆发，标志着中华民族到了生死存亡的关头。1937年7月8日，即卢沟桥事变的第二天，中国共产党中央委员会向全国发表《为日军进攻卢沟桥通电》，指出："日本帝国主义武力侵占平津与华北的危险，已经放在每一个中国人的面前。""平津危急！华北危急！中华民族危急！只有全民族实行抗战，才是我们的出路！我们要求立刻给进攻的日军以坚决的反攻，并立刻准备应付新的大事变。全国上下应立刻放弃任何与日寇和平苟安的希望与估计。"同日，毛泽东、朱德、彭德怀等红军将领分别致电蒋介石和宋哲元等，支持二十九军奋勇抵抗，为保卫平津而战，为保卫华北而战，不让日军侵占祖国寸土，并表示“红军将士，义愤填胸，准备随时调动，为国效力，与敌周旋，与日寇决一死战”。中共中央就卢沟桥事变后华北工作方针指示北方局：“坚决保卫平津，保卫华北，提出：‘不让日本帝国主义侵占中国寸土’、‘为保卫国土流最后一滴血’等口号，动员全体爱国军队，全体爱国国民，抵抗日本帝国的进攻，在各地用宣言、传单、标语及群众会议，进行宣传与组织的动员。”“迅速组成坚固的统一战线，对付当前的重大事变。”“立即在平绥平津以东地区，开始着手组织抗日义勇军，准备进行艰苦的游击战争，在平汉线、津浦线亦应准备组织义勇军，注意与各界爱国分子合作。”“进行坚决的反汉奸斗争。”①7月13日，中共中央在延安召开了紧急会议。毛泽东在会上号召：“每个共产党员和抗日革命者，应沉着地完成一切必须准备，随时出动到抗战前线。”

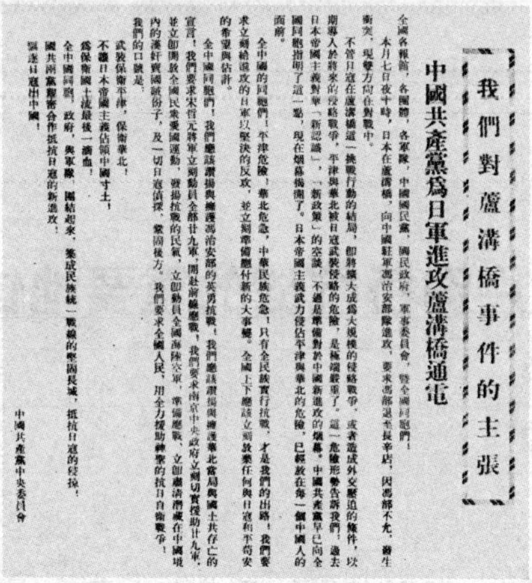
我們對蘆溝橋事件的主張

中國共產黨為日軍進攻蘆溝橋通電

全國各報館，各團體，各軍隊，中國國民黨，國民政府，軍事委員會，暨全國同胞們！

本月七日夜十時，日本在蘆溝橋，向中國駐軍馮治安部隊進攻，要求馮部退至長辛店，因馮部不允，發生衝突，現雙方尚在對戰中。

不管日寇在蘆溝橋這一挑戰行動的結局，即將擴大成為大規模的侵略戰爭，或者造成外交壓迫的條件，以期導入於將來的侵略戰爭，平津與華北被日寇武裝侵略的危險，是極端嚴重了。這一危險形勢告訴我們：過去日本帝國主義對華「新認識」，「新政策」的空談，不過是準備對於中國新進攻的煙幕。中國共產黨早已向全國同胞指明了這一點，現在煙幕揭開了。日本帝國主義武力侵佔平津與華北的危險，已經放在每一個中國人的面前。

全中國的同胞們！平津危險！華北危急！中華民族危急！只有全民族實行抗戰，才是我們的出路！我們要求立刻給進攻的日軍以堅決的反攻，並立刻準備應付新的大事變。全國上下應該立刻放棄任何與日寇和平苟安的希望與估計。

全中國同胞們！我們應該讚揚與擁護馮治安部的英勇抗戰！我們應該讚揚與擁護華北當局與國土共存亡的宣言！我們要求宋哲元將軍立刻動員全部廿九軍，開赴前線應戰！我們要求南京中央政府立刻切實援助廿九軍，並立即開放全國民眾愛國運動，發揚抗戰的民氣，立即動員全國海陸空軍，準備應戰，立即肅清潛藏在中國境內的漢奸賣國賊份子，及一切日寇偵探，鞏固後方。我們要求全國人民，用全力援助神聖的抗日自衛戰爭！

我們的口號是：

武裝保衛平津，保衛華北！

不讓日本帝國主義佔領中國寸土！

為保衛國土流最後一滴血！

全中國同胞，政府，與軍隊，團結起來，築成民族統一戰線的堅固長城，抵抗日寇的侵掠！

國共兩黨親密合作抵抗日寇的新進攻！

驅逐日寇出中國！

中國共產黨中央委員會

1937年7月8日，中共中央发出《中国共产党为日军进攻卢沟桥通电》，号召全民族实行抗战，武装保卫平津，保卫华北。

在中国共产党的积极推动下，广大民众奋起支援，军民共同谱写了并肩抗战的壮歌。中共北平地下组织遵照中共中央指示精神，一方面做好应急准备，一方面组织北平各界抗敌后援会，发动群众团体开展救亡工作，支援二十九军抗战。

北平人民掀起的轰轰烈烈的抗日救亡运动振奋了全国人民，全国人民也热烈地支援着北平抗日斗争。各地各界群众纷纷动员和组织起来，开始了全民族抗战的伟大征程。

---

① 《中共中央文件选集》第11册，中共中央党校出版社1991年版，第276页。

卢沟桥抗战的重要地位与作用

1937年7月7日卢沟桥事变爆发，引起了国内外形势的一系列变化。中国军队开展的卢沟桥抗战在中国人民抗日战争乃至世界反法西斯战争中都具有重要的地位与作用。

一是标志着中国全民族抗战的爆发

中国抗日战争是全国各族各阶层人民广泛参加的一次全民族抗战。1931年九一八事变后，虽然已有军民奋起自卫，拉开了中国人民抗日战争和世界反法西斯战争的序幕，然而这种斗争只是东北人民的局部抗战行动，当时国民党政府执行"攘外必先安内"的不抵抗政策。

日本帝国主义发动了以进攻卢沟桥为起点的全面侵华战争，中华民族到了最危急的时刻，山河破碎，生灵涂炭。中国守桥驻军，激于民族义愤，奋勇还击。二十九军军部下令吉星文团"应固守卢沟桥和宛平城。保卫国土是军人天职，宛平城卢沟桥就是我军最光荣的坟墓"。卢沟桥反侵略的枪声，对各族人民和爱国军人是最有力的动员，吹响了全民族抗战的号角。

卢沟桥事变发生的第二天，中共中央向全国发出《中国共产党为日军进攻卢沟桥通电》，呼吁全国人民："日本帝国主义武力侵占平津与华北的危险，已经放在每一个中国人的面前。”“平津危急！华北危急！中华民族危急！”号召“全中国同胞、政府与军队团结起来，筑成民族统一战线的坚固长城，抵抗日寇的侵略！”毛泽东、朱德、彭德怀致电蒋介石，要求“实行全国总动员，保卫平津，保卫华北，收复失地”。中国工农红军将领也致电宋哲元：红军誓为二十九军抗日的后盾。

舆论的呼吁，促进了全国人民的觉醒。全国各地各族的爱国群众纷纷组织抗敌后援会。此外，不少海外侨胞纷纷致电国民党政府，呼吁武装保卫祖国，许多爱国将领通电全国，请缨杀敌。

在全国抗日救亡运动的高潮下，掌握全国政权的蒋介石国民党政府，也站到抗日的立场上来。蒋介石于7月8日在庐山接到二十九军副军长、北平市长秦德纯的报告后，在日记上写道：“倭已挑战，决心应战，此其时乎？”并电令冀察当局：“宛平城应固守勿退，并须全体动员，以备事态扩大。”7月9日又致宋哲元手令：“早已决定运用全力抗战，宁为玉碎，毋为瓦全”，要宋哲元“坚持到底，处处固守，时时严防，毫无退让余地。”与此同时，在军事上作了紧急布置，抽调中央军四个师的兵力向石家庄、保定集中，驰援二十九军的平津抗战。此时蒋介石的抗战态度已不再停在口头上，已经指挥军队，有了抗日的实际行动。7月17日，蒋介石在庐山发表谈话，表示：“如果战端一开，就是地无分南北，年无分老幼，无论何人，皆有守土抗战之责任，皆实抱定牺牲一切之决定”。

以上种种事实说明：卢沟桥抗战的炮声，点燃了全国抗日的烈火，同时也震醒了蒋介石国民党政府，迫使其领导政府军队以实际行动进行抗日。此次事变推动了包括蒋介石在内的全国性抗战，标志着中国全民族抗战的爆发。

二是促成了国共合作和抗日民族统一战线的正式形成

尽管西安事变后国共两党已

初步达成建立抗日民族统一战线的意向，但国民党一直动摇、犹豫，在国共合作宣言和红军改编后的编制、指挥等问题上未能达成正式协议。七七事变前，国共两党虽然举行了几次谈判，但由于国民党试图取消中共在组织上的独立性，以便控制红军和陕甘宁边区，使谈判处于搁浅状态。

七七事变发生后，国家和民族到了亡国灭种的生死关头。中日之间的民族矛盾成了中国社会的主要矛盾。在这严重关头，全国人民迫切要求各政党之间以民族大义为重，捐弃前嫌，共赴国难。国民党当局对此不能置若罔闻，只能顺应历史潮流才能维护其统治。同时，全国抗日救亡运动汹涌澎湃，国民党广大官兵激于爱国义愤也纷纷通电求战，迫使蒋介石不得不考虑其利害得失，继续与共产党进行谈判，最终在几个主要问题上达成协议。8月25日，中共中央宣布改编红军，将西北红军改编为国民革命军第八路军，下辖一一五、一二〇、一二九师共三个师，共计4.5万人。红军前敌总指挥部改为八路军总指挥部，朱德、彭德怀为正、副总指挥。9月22日，国民党中央通讯社播发了《中共中央为公布国共合作宣言》。9月23日，蒋介石发表《对中国共产党宣言的讲话》说："此次中国共产党发表之宣言，即为民族意识胜过一切之例证……在存亡危急之秋，更不应计较过去之一切，而当使全国国民彻底更始，力谋团结，以共保国家之生命与生存"，实际上承认中国共产党合法地位，第二次国共合作、共同抗日的局面正式形成。这标志着中国共产党主张的以国共合作为基础的抗日民族统一战线正式建立。

三是开辟了世界反法西斯战争的东方主战场

欧洲的德国和亚洲的日本，是世界法西斯战争的两个策源地。世界人民在反法西斯的斗争中形成了两个反法西斯的战场，即欧洲战场和亚洲战场。

日本在1931年发动九一八事

变，轻而易举地侵吞了中国东北三省，后逐步"蚕食"至长城沿线地区，而1937年卢沟桥事变后，在平、津、绥地区却遇到了中国军民顽强抵抗。8月，中国调集了50多个师，70多万的兵力向进攻上海的30万日本军队展开了历时三个月的淞沪会战，粉碎了日军妄图速战速决，三个月灭亡中国的战略方针。9月忻口战役给日军以沉重打击，1938年3月台儿庄战役，共歼敌数万人。此外还组织了徐州会战、武汉保卫战等，给敌人重大创伤，并逐步形成了国民党的正面战场。同时，在中国共产党领导下的八路军、新四军等抗日武装力量，开赴敌后，开辟了敌后战场。

卢沟桥事变后开辟的中国战场，就是世界反法西斯战争的东方战场。这个战场是由国民党的正面战场和共产党领导的敌后战场组成的。从卢沟桥事变到1941年12月太平洋战争爆发以前，中国人民独立地抗击着日本法西斯的势力。太平洋战争爆发后，东方反法西斯战场虽有五个战区，但中国始终是抗击日本法西斯的主力，减轻了苏联和美、英等国压力，保障了同盟国"先欧后亚"大战略的实施。

据统计，中国战场自1937年正式开辟以来，在长达8年的时间里，始终牵制和抗击着日本陆军主力。1938年10月武汉会战结束时，日本陆军总兵力为34个师团，其中日本本土1个、朝鲜1个、中国东北8个、中国本部24个，中国抗击着日本70.5%的陆军，即是说，抗击着日本在国外作战的全部陆军。1941年太平洋战争爆发时，日本陆军总兵力为51个师团，其中，日本本土4个、朝鲜2个、中国东北13个、东南亚10个、中国其他地区22个，抗击着日本在国外作战的69%的陆军。1945年日本投降时，日本在中国战场和太平洋战场（不含中国东北和朝鲜），陆军总兵力为2053483人，其中，中国战场的日军为1049700人，占51%，即是说，到战争末期，中国仍抗击着日本在国外作战的半数以上陆军。1945年1月，美国总统罗斯福指出："我们也忘不了中国人民在七年多的长时间里怎样顶住了日本人的野蛮进攻和在亚洲大陆广大地区牵制住大量的敌军。”卢沟桥事变后开辟的中国战场始终是反对日本法西斯的主战场。

四是加速了世界反法西斯统一战线的形成

日本法西斯发动的以卢沟桥事变为起点的全面侵华战争，是法西斯整个侵略计划的一个重要组成部分。妄图三个月灭亡中国以后，以此为基地，实行“北进”“南进”战略，配合希特勒的欧洲战场从东方发动大规模的侵苏战争和太平洋战争。

中国全民族抗战的开启，打乱了日本侵略者的计划，震惊了世界，鼓舞世界人民投入到反法西斯斗争的洪流之中，成为反法西斯战争初期极为广泛而深入的精神动员，得到了包括日本人民在内的世界各国人民的声援及支持。苏联是最先以实际行动援助中国的国家。美、英等国也不同程度地谴责日本法西斯的侵略行径，支援中国人民的抗日战争。正如毛泽东在1937年10月25日与英国记者贝特兰谈话中所指出的：中国抗战“唤起了国际舆论的同情。国际间过去鄙视中国不抵抗的，现在转变为尊敬中国的抵抗了”。

这一事实说明，任何国家进行侵略扩张，搞民族压迫，一定会受到全世界热爱和平、正义的力量的坚决抵制、强烈反对。卢沟桥事变三年后，英国进行英伦保卫战；四年后，苏联开始卫国战争；四年半后，太平洋战争爆发，美国加入反法西斯战争，世界反法西斯战争的总体格局终于形成。

七七事变前的形势 /何基沣等

在七七事变发生以前，北平外围的形势是：北宁路沿线，西起丰台，东至山海关，均有日军驻防；北平的东面，有完全听命于日军的冀东伪组织——“冀东防共自治政府”；北平的北面有在热河省集结的敌伪军；在西北面，有日军收买的李守信和王英等土匪队伍。仅有北平的西南面，尚为我第二十九军部队所防守。

当时，北宁铁路沿线既为日军所控制，而在平汉路上的卢沟桥就成了北平的唯一门户。我军据此，进可以攻，退可以守；若为敌人所占，北平则变成一座孤立的死城。所以卢沟桥这一战略据点，就必然成为敌我必争之地。

日本侵略军的企图，是伺机占领卢沟桥，截断平汉路，四面包围北平，从而加深冀察的“特殊化”，然后以平津作为桥头堡，进一步发动大规模的军事侵略。

这时，第二十九军共辖四个步兵师、一个骑兵师和一个特务旅，还有两个保安旅，总兵力不下十万人，分驻于冀、察两省和平、津两市。各部队驻防的位置是：第一四三师刘汝明部驻察哈尔省及平绥铁路沿线（河北省境内）。第一三二师赵登禹部驻河北省任丘、河间一带。第三十八师张自忠部驻天津附近韩柳墅、小站、廊坊、马厂和大沽各地，并以一部驻南苑。第三十七师冯治安部，师部驻西苑；何基沣旅驻西苑、八宝山、卢沟桥和长辛店一带，刘自珍旅驻北平城内，陈春荣旅驻保定、大名等地。第二十九军特务旅孙玉田部驻南苑，以一团驻城内。骑兵第九师郑大章部，师部和骑兵一团驻南苑，其余两团分驻固安、易县等地。石友三的两个保安旅和阮玄武的独立第三十九旅，分驻于黄寺和北苑。

由于宋哲元一贯抱着与日本人相安无事，维持现状的幻想，在军事上始终处于毫无戒备的状态。但是，日本帝国主义者早已在“田中奏折”中确定了灭亡中国的国策，并且于1936年8月间，在日本首脑集团会议上又通过了一个叫作“基本国策”的文件，其中指出日本的意向是：对中国发动大规模的新的进攻，并且很快地就实行了国家规模的战时动员。日本对冀察的压迫，一天比一天加紧。

中国共产党在西安事变以后，建立了全国抗日民族统一战线，鉴于冀察形势的严重，对第二十九军中上层也积极进行抗日争取工作。当时第二十九军内有不少人与北平中共地下党组织建立了工作联系，如第三十七师旅长何基沣、第二十九军副参谋长张克侠等，均与中共建立了密切的工作关系，积极推动第二十九军抗击日本侵略者。宋哲元这时的处境，一方面是日本人对他施加种种压力，一方面是人民以民族大义促他觉醒，虽然他对

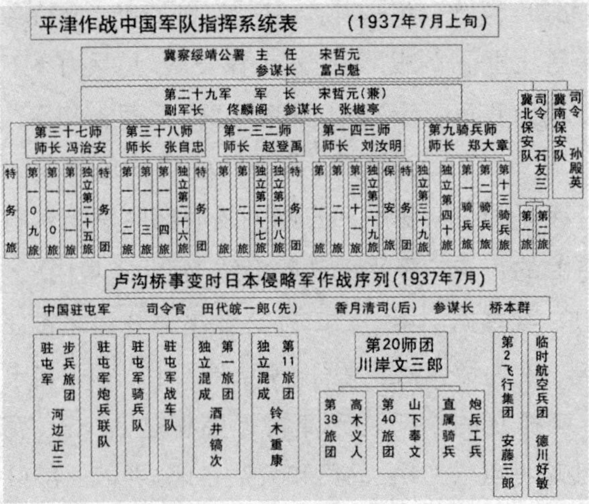

1937年7月平津地区中日军队指挥系统表。

抗战并没有决心，但形势逼着他不能不作抗战的准备。有一天（时间约在1937年四五月间），宋召集幕僚研究对日的对策，并要参谋人员提出方案。第二十九军参谋长张樾亭根据国民党的主张，提出了一个“必要时撤出北平，保存实力，以待全国抗战”的方案。副参谋长张克侠即将此事向中共组织报告，中共组织决定由张克侠出面提出了“以攻为守”的方案。其主要内容是：

（一）日本进占华北，进一步灭亡中国的国策，早已确定，现正大量调集军队，准备向华北进军。我们除了抗战而外，别无他法可以挽救我军之危机，应付只能是暂时的，绝无法满足日军之欲望。

（二）我们的处境非常危险，日本侵略军进逼，中央（蒋介石国民政府）不管。蒋介石并令关麟征、黄杰等部集结新乡一带，扼守黄河北岸，意在与日本侵略军夹击，消灭我军。如果我们撤退，将退到哪里去呢？黄河以北既有中央军驻守，不会叫我军退到河南；山西的阎锡山向来闭关自守，也不会让退到山西；绥远的傅作义也是如此。我军如果撤出平津，只有在保定、石家庄平原地区挨打受气，军民怨恨，后援不济，我军将不打自溃，这是最危险不过的。

（三）我军爱国教育，素不后人，抗日士气，极为高涨。喜峰口之役，痛击日军，被誉为抗战之民族英雄。现平津各界及全国军民，均希望我们能奋起抗战，为国争光，此我军报国立功之良机，决不可失。为今之计，不妨暂与日军委婉应付，但必须做积极抗战之准备，必要时，以攻为守，一举攻占山海关，缩短防线，扼守待援，号召全国军民奋起抗战，如此必能振奋士气，得到全国人民之同情和支持。中央在全国军民愤激情况之下，决不敢袖手旁观，不予支援，其加夹击消灭我们之企图，必将不售。在我们发动抗战后，只要能坚持一个时期，最后就是失败了也是我们的胜利。如马占山在东北之抗战，十九路军之淞沪战役，虽败犹荣。在全国人民支援之下，我们还有重整旗鼓之可能，如不此之图，不战而退，必为全国军民所痛骂。将士离心，军心涣散，群情激愤，后援无济，我军此时将退无可退，守无可守，战不能战，和不能和，他人乘我之危，分化瓦解，将何以自存。

宋对此方案极表赞成，命张克侠本此方案积极作抗战的准备工作。张即根据中共组织的指示，提出了如下的建议：第一，加强抗日思想教育。当时第二十九军在南苑的军官教导团还讲授"四书""五经"一类的课程，张建议在此非常时期，应加强抗日思想教育和国际时事教育。经宋同意，即聘张友渔（中共地下党员）和温健公（进步教授）担任教导团教官，他们的讲课，受到学员的热烈欢迎。同时教导团内还有冯洪国、朱军（中共地下党员）等做组织工作，所以当时南苑的抗日空气极为浓厚。此外，中共组织还发动了一批进步的大学生（包括共产党员和党领导的民先队员）参加了在西苑举办的军事集训。大学生军事集训由何基沣负责。何对学生讲话时表示抗战决心，有时声泪俱下，全体学生抗战情绪极为高涨。第二，加强情报工作。当时宋对敌情了解很少，张建议成立情报处，深入敌后，到东北、热河等地了解敌人的兵力部署及其动向。经宋同意后，即派靖任秋（中共地下党员）任情报处长，积极进行情报人员的派遣工作。第三，争取伪军反正。当时辽西、冀东、热河及察、绥等地，有不少伪军到处活动，有的还想乘机反正，应派人联系，积极争取。此项建议，亦得到宋的同意。

所有以上这些措施，还是宋到冀察后第一次采取的在政治上、军事上有积极作用的活动。后来，宋在一个座谈会上，曾对他的将领和幕僚表示："我们要好好地训练队伍，充实力量，加强装备，等到国际战争爆发的时候，我们就可以用一支兵力由察省向热河出击，掎敌侧背，以主力从正面打出山海关，收复东北失地。我们要在那里竖起一座高高的纪念碑。"

中共北平地下组织争取第二十九军积极抗战的活动，除了通过第二十九军内部人员直接地影响第二十九军上层人物的抗战情绪外，并且发动和组织广大群众掀起轰轰烈烈的抗日救亡运动的高潮。当时在中共领导下的中华民族解放先锋队、北平学生救国联合会、华北各界救国联合会、东北各界救国联合会等团体，时常利用一切可以利用的时机，展开抗日救亡的宣传鼓动工作，他们响亮地高呼“拥护二十九军保卫华北”的口号，对第二十九军表示大力的支持。他们还经常乘着第二十九军部队演习的机会（当时日军驻东交民巷的部队经常出城进行示威性的演习，第二十九军部队亦不示弱，就在日兵演习的第二天在原地演习），派代表前往慰问，并讲述抗日的重要意义，这就更加激发了第二十九军官兵的抗日热情。

我国抗日民族统一战线的形成，我国内部和平统一的实现，我国人民抗日救亡运动的空前高涨，使得日本帝国主义者在中国进行的分裂破坏活动遭到可耻的失败。但是它决不容许中国有一个休养生息的时间，它仍实行其侵华的既定“国策”，迅速地发动对我国的全面的军事进攻。特别是当它得到了德、意法西斯主义者的支持以后，就越加暴露了它的法西斯主义者的狰狞面目。

（何基沣等：《七七事变纪实》，载戴守义、秦德纯等：《七七事变：原国民党将领抗日战争亲历记》，中国文史出版社2013年版，第45—49页。）

七七卢沟桥事变经过 /秦德纯

一、七七事变前日本侵略的阴谋

日本军阀于民国二十六年7月7日夜，借口日军在卢沟桥附近演习之一中队，在整队回防时，突被驻卢沟桥二十九军部队射击，因而走失士兵一名，指被二十九军官兵劫持进入卢沟桥城，要求率队入城检查。经我方峻拒后，至翌日拂晓前，日方调集其丰台驻军，向我卢沟桥城进犯；我方为维护领土完整及主权独立遂奋起应战，掀起中日全面战争之序幕。

此一持续八年之久的战争，表面上虽导源于偶发事件，实质上，日人早已处心积虑，进行侵略阴谋。溯自日本明治维新后，接受西方科学文明，革新内政，发展工业，军事装备趋于现代化，国势蒸蒸日上。嗣经日俄、中日两次战争胜利，日本武人，骄纵跋扈，不可一世，遂积极向外扩张。其侵略目标，一为北进占据满蒙，以阻遏苏俄之东进与南下；一为南进征服中国以驱除欧美势力于中国及亚洲之外，完成亚洲为亚洲人之亚洲，实际上即为日本人之亚洲，借以称霸世界。但无论日本北进或南进，均以进占满蒙及中国大陆为第一步骤。

民国二十年“九一八”是日本侵略我国的行动开始，侵占我东北辽、吉、黑三省。民国二十一年进据热河省，民国二十二年春，又挥兵南下，进窥我长城沿线之古北口、喜峰口、冷口各要隘。在以上各地激战三月，经谈判于是年五月三十日，中日双方签订所谓《塘沽协定》。此时我平津及华北察、绥、晋、冀、鲁各省已陷于岌岌可危之势。

……

三、七七前夕华北之军政态势

在七七事变前约两年的时间内，宋哲元将军以第二十九军军长兼冀察政务委员会委员长及北平绥靖主任，所有冀察两省平津两市之政务及驻军统归宋将军节制指挥。当时因军政关系密切，所以行政长官多由军事首长兼任，如河北省政府主席由冯师长治安兼任；察哈尔省政府主席由刘汝明师长兼任；天津市长曾一度由萧振瀛担任，后由张自忠师长兼任；北平市长由作者兼任，时我为二十九军副军长。事变前由于日阀之蛮横压迫，无理干预，我政府以正在积极准备国防，不愿过早惹起大战，因将中央部队黄杰、关麟征两师由华北南调，防务完全交由二十九军负责，以二十九军一个军之力量分布于二省二市，又处于国防最前线，兵力颇感单薄。当时，该军共有四个师，其分布情形：冯治安的第三十七师分布在北平南苑、西苑、丰台、保定一带；张自忠的第三十八师分布在天津、大沽、沧县、廊坊一带；刘汝明的第一四三师分布在张家口、张北县、怀来县、涿鹿县及蔚县一带；赵登禹的第一三二师分布在河北省南部大名、河间一带。

四、事变前之折冲及丰台中日冲突事件

丰台密迩北平，为交通枢纽，驻有我冯师混成部队一营。日军亦基于《辛丑条约》之规定，在该处驻一大队。曾于二十五年秋冬之交某日，我军因出发演习，适日军演习完毕归营，两军在马路上相遇，彼此不肯让路，致起冲突，相持竟日，双方均有伤亡。迭经交涉，终以误会了事。此后日军益趋骄横，屡向宋哲元将军提出华北特殊化之无理要求，同时依附日阀之汉

奸潘毓桂、陈觉生等复为虎作伥，从中怂恿极尽威胁之能事，均经宋将军严词拒绝。但宋将军系一淳朴厚重热诚爱国之将领，迭经繁渎，精神苦闷已达极点。曾于民国二十六年2月上旬一日告我曰：“日本种种无理要求，皆关系我国主权领土之完整，当然不能接受。而日方复无理取闹，滋扰不休，确实使我痛苦万分。日方系以我为交涉对象，如我暂离平津，由你负责与之周旋，尚有伸缩余地，我且相信你有适当应付办法。因此我想请假数月，暂回山东乐陵原籍，为先父修墓，你意见如何？”我当即表示不同意，并说：“此事绝非个人的荣辱苦乐问题，实国家安危所系，中央把责任交给你，不论你是否在平，责任总在你身上，因此我不赞成你离开北平。”当时宋将军并未坚持，因把回山东打算暂时搁置。但到了2月20日以后，日方交涉益繁，压迫愈甚，宋将军以心情恶劣，决定请假回籍，把交涉之责落在我身上。宋将军临行告我两事：“对日交涉，凡有妨碍国家主权领土之完整者，一概不予接受；为避免双方冲突，亦不要谢绝。”我就在这不接受与不谢绝两种相反的原则下，忍辱负重委曲求全地应付了四个多月。

自宋将军2月离平之后，每日均有日方人员前来接洽，平均每天最少一或而次。如日本之外交官、武官、特务机关人员，是谈外交的；新闻记者、贵族院议员及退役大将等，是来采访消息或考察华北局势的。我虽感觉不胜其扰，但抱定任劳任怨之决心，据理应付，使日方无借口余地。同时日方更利用离间分化手段，将二十九军分为抗日的中央派及和日的地方派。认为我是抗日中央派的中坚分子，千方百计地攻击诋毁、恐吓威胁必欲去之而后快。而日方收买之汉奸，且专伺察我的言论行动及我方军事部署作为处置依据。当此内奸外敌交迫之下，我只有谨慎沉着，以静制动，深恐一言不慎，一事失当，俾日人有所借口，致陷交涉之困难。当即电陈中央请示机宜，旋奉复示，大意在不丧权不辱国大原则下，妥慎交涉，中央定予以负责支持。当即遵照此原则相与周旋。到五六月间已达极度紧张阶段，日方使用武力侵略之企图，已成弯弓待发之势。

当事变当日下午，我在市政府邀宴北平文化界负责人胡适之、梅贻琦、张怀九、傅孟真等诸先生20余人。经报告局势紧张，交换应付意见，诸先生亦均开诚布公恳切指示。夜10时许散会后，不到两小时，象征我全民抗战的七七事变，于11时40分即在卢沟桥开始爆发。

五、七七事变的经过与我方的应付

七七之夜，约11时40分钟，我接冀察政务委员会外交委员会主任委员魏宗瀚及负责对日交涉的林耕宇专员的电话，谓据日本特务机关长松井说："本日有一中队在卢沟桥附近演习。但在整队时，忽有驻卢沟桥之第二十九军部队向其射击，因而走失士兵一名，并见该士兵被迫进入宛平县城。日本军官要求率队进城检查。"我答："卢沟桥是中国领土，日本军队事先未得到我方同意在该地演习，已违背国际公法，妨害我国主权，走失士兵我方不能负责，日方更不得进城检查，致起误会。唯姑念两国友谊，可等天亮后，令该地军警代为寻觅，如查有日本士兵，即行送还。"

答复后，夜晚2点，外交委员会又来电话，谓日方对我答复不满，强要派队进城检查，否则日军即包围该城。我即将此经过，以电话告知冯治安师长及驻卢沟桥之吉星文团长，要严密戒备，准备应战。同时并令吉团长，派官长侦探丰台方面的敌人动态。到凌晨3时半，接吉团长电话报告："约有日军步兵一营，附山炮四门及机关枪一连，正由丰台向卢沟桥前进。我方已将城防布置妥当。"我当即又向吉指示："保卫领土是军人的天职，对外战争是我军人的荣誉，务即晓谕全团官兵，牺牲奋斗，坚守阵地，即以宛平城与卢沟桥为吾军坟墓，一尺一寸国土，不可轻易让人。"并以此处置通知冯师长。

8日拂晓约5点，日军已在宛平城之东面、东南面及东北面展开包围态势，先要求他的外交人员进城，继又要求武官进城，均经我吉团长与王冷斋专员（行政督察专员）拒绝。日方武力威胁之伎俩已穷，即开始向城内炮轰，并掩护其步兵前进。事先我曾告知吉团长，日军未射击前，我方不先射击；待他们射击而接近我最有效射程距离内（300至400公尺），我方以“快放”“齐放”猛烈射击，因此日军伤亡颇重。

二十九军一一〇旅二一九团团长吉星文（右四）在战斗中受伤。图为吉星文当时在宛平城西门外的留影。

六、战争的持续与扩大

在8日对战时，卢沟桥铁桥上原驻我步兵一连防守，双方争夺铁桥，备极惨烈。曾被日军将铁桥南端占领，我军仍固守铁桥北端。彼此对峙至9日拂晓前，我方由长辛店调遣部队，协同我桥北端部队向铁桥南端日军予以夹击。是夜，细雨纷飞，敌人正疏戒备，我官兵精神抖擞，轻装持步枪、手榴弹、大刀，出敌不意，秘密接近桥南端，将该敌悉数歼灭。当其被大刀队砍杀时，他们有的卑躬屈节，跪地求饶，所谓皇军威严，已扫地无余。

经过八九两日的战事，双方均增援部队，战事逐渐扩大。到10日上午，日本特务机关长松井大佐派员向我洽商，认为事出误会，希望停战会商。结果为：（一）双方立即停战；（二）双方各回原防；（三）双方组织视察团监视双方撤兵情形。[1]日方并要求我以保安部队接

① 据查，（三）内容应为“卢沟桥由河北省保安队石友三部驻守。”

替吉团防务。于是我们又增加保安队一团至卢沟桥城内，当时视察日方撤兵情形，仅将其第一线部队撤至预备队之位置，反责我方未撤回原防。我的答复："所谓原防即战前原驻地点，日军原驻天津者，应回天津；原驻丰台者，应回丰台。我军原驻宛平城内，因应战移防城上，我军由城上撤至城下，即为原防。"当场日方亦无话可说。详察日方之要求停战，其目的在向其国内作虚伪宣传，说日本如何受中国军队之迫害残杀，作为调动大军侵略之口实，实为缓兵之计。

7月16日，宋将军由鲁返平①，主持大计。最初仍拟作地方事件解决，避免事态扩大。但日军大部队已陆续由东北调至天津，势极嚣张，和平解决已不可能。此时，奉中央电令："应乘机围攻东交民巷日大使馆，以消灭其发号施令台。"几经考虑，认为东交民巷各国使馆林立，大举进攻，势将玉石俱焚。且东交民巷防御工事坚固，日军武器已较精良，战事旷日持久，恐将陷北平于紊乱，因之决定进攻丰台。

7月25日拂晓，我派步兵一旅，附炮兵一营，向丰台进攻。上午，战事极为顺利。至午刻，我已占领丰台大部，顽敌仅据守丰台东南端一隅，誓死抵抗。午后4时，日方忽由天津调来大部援军，参加反攻，以致功败垂成。

7月26日，又与日军在廊坊车站激战，双方伤亡均重。

7月28日拂晓，日军调集陆空优势兵力，约计步兵三联队、炮兵一联队、飞机30余架，向南苑进攻。激战至下午4时，我军伤亡惨重，佟副军长麟阁、赵师长登禹均壮烈殉职；尤堪痛心的是在南苑受训的大学毕业学生，亦参加战斗，伤亡不少。

（秦德纯：《七七卢沟桥事变经过》，载戴守义、秦德纯等：《七七事变：原国民党将领抗日战争亲历记》，中国文史出版社2013年版，第12—18页。）

① 宋哲元由鲁返平日期应为7月19日。

卢沟桥事变始末 /王冷斋

七七事变是由日方有预谋的演习而起。自1936年9月9日日军增兵丰台后，时常在附近地带演习，由昼间演习渐至夜间演习，由虚弹射击渐至实弹射击。我方屡次提出抗议，日方均置若罔闻，复经严正交涉，日方始允如有实弹演习之事自当通知我方。但日军小规模部队时常出动，我方为避免发生事端，即令保安队及警察随时注意戒备。1937年7月7日夜间，日军又在卢沟桥附近演习，11时左右忽有枪声数响发于宛平城东门外，城内守军当即加以严密注意。12时后北平市长秦德纯来电话对我说：日本特务机关长松井向我方提出交涉，声称“有日本陆军一中队在卢沟桥演习时，仿佛听见由驻宛平城内的军队发出的枪声，使演习部队一时混乱，结果失落日兵一名，日本军队今夜要入城搜索”等语，已经我方拒绝，究竟真相如何，迅即查明以便处理。我接到电话后，就通知城内驻军营长金振中切实查询各守兵。经查明我军并无开枪之事，而且每人所带子弹并不短少一枚，更可证明。另一方面，我又令警察在各处搜索，也未发现有所谓失踪日兵的踪迹。我根据这事实向市府报告后，奉命前往日本特务机关部与松井谈判，声明我方并无开枪之事，遂拒绝日军进城的要求。我到达日本特务机关部时，见冀察外交委员会主席魏宗瀚、委员孙润宇、专员林耕宇、交通处副处长周永业及日本顾问樱井等都在座。我先声明：枪声方向是在宛平城东门外，我方在这里并无驻军，可知绝不是我方所发，就是城内守兵也查明并无开枪之事，每个守兵所带子弹不少一枚。所谓失落日兵一名，经派警察向各处搜寻，也毫无踪影。松井仍强说演习日兵确实有一人失踪，城外搜索无着，必须进城搜索，方可明了究竟。我说："夜间宛平城门已闭，日兵在城外演习，怎么能在城内失踪？就是退一步说，果有失落之事，也绝和我方无关，或者效当年南京日领事藏本自行隐匿的故伎，企图作要挟的借口？"松井不承认有此等事。谈判结果，决定第一步先由中日两方面派员同往宛平城调查，等调查情况明了后再商谈处理办法。当时指定调查人员我方为林耕宇、周永业和我3人，日方为顾问樱井、辅佐官寺平和秘书斋藤3人。这时，得到报告说：驻丰台日军一大队约500余人并炮6门，由大队长一木清直率领向卢沟桥进发，事态甚为严重。同时日军联队长牟田口也约我面谈。他说："现在时机紧迫，应即迅速处理。阁下为地方行政长官，应负当地处理的全责，以免延误扩大。"我说："刚才在你们特务机关部所商定的是先调查后处理，现在我所负的只是调查的使命，还谈不到处理。"牟田口再三要求，我仍坚决拒绝。就同林耕宇、周永业两委员并樱井、寺平、斋藤6人，乘车两辆前往宛平城。当车到达离城约两里的地方，见公路右侧及铁路涵洞一带都被日军占据，枪炮摆列，作战斗准备。我和林耕宇、寺平同乘一车，这时寺平忽请我下车，拿出一张地图向我说："事态已十分严重，现已来不及等待调查谈判，只有请你速令城内驻军向西门撤出，日军进至东门城内约数十米地带再商解决办法，以免冲突。"我说："此来只负调查使命，在你们机关部原已议定。适才牟田口要求负责处理，我已拒绝。你所提我军撤出，你军进城的无理要求，离题太远，更谈不到。"寺平又说："平日日军演习都可穿城而过，何以今日不能进城?”我再驳斥说:“你接事的日子不久(寺平接滨田任不及3个月),或者尚未明了以前情形,我在这里从未允许你们演习部队穿城而过,你所谓先例,在何月何日?请给我一个事实证明。”这时日军指挥官森田联队副胁迫我行至战线,欲以武力恫吓。他们两个人这种举动大似绑票,我仍坚持调查原议,斥责他们前后不应该如此矛盾,万一事态扩大,他们二人当负全责。双方相持10余分钟,森田见威胁不成,乃向寺平示意,仍由寺平同我进城调查。

进城后,周永业、樱井和斋藤3人已先到,正在会商调查办法。而城外日军忽向城内开枪,城上守兵见日军无理挑衅,就予以还击。双方射击约一小时始停。我向樱井等日方人员严词质问,并声明日军首先开枪,破坏大局,应负酿成事变的责任。樱井等说开枪或出误会,当努力于此事的调解,勿使扩大。这时日军联队长牟田口忽派人送信来,约我同团长吉星文出城谈判。我们以守土有责,不能擅离,当派林耕宇代表和寺平缒城而出,与牟田口面商停火之事;一面并以电话向北平高级机关报告日军首先开枪情况,请向日方交涉制止。林等出城后,历两小时尚无消息。日军又继续向我方射击,并且以迫击炮攻城,弹中专员公署,房屋大部被毁,我专署及县府人员幸于十数分钟之前迁往比较安全地点办公,幸免于难。百姓房屋也有被毁的,人员有些伤亡。战至下午6时左右,营长金振中及保安大队副孙培武都负了伤。枪炮声停后,日军旅团长河边正三派人送信前来,仍约我出城商谈,并且要求我方军队退出城外,否则即以大炮攻城。我答复在开战中不便面晤,惟建议双方先行停火,一切由北平高级机关解决。如果日军不肯停止射击,我军不能坐以待毙,当予以强烈回击。这时日军已经占领了平汉线的铁桥及附近龙王庙等处,至夜间战事更为激烈。我军乃以大刀队摸营和敌军实行白刃战,歼敌颇多,卒将龙王庙等处克复。自7日夜间日军首先开枪起至8日夜间止,战事时断时续，都是日军先行射击后，我军才予以还击，直至我大刀队实行摸营，变被动为主动。城内外军民同心合力痛击顽敌，使日军受创，以后战事才暂告停止。

宛平城遭受日军炮轰后，北平各报记者采访宛平县长王冷斋（中）。

9日上午4时，我接到北平电话说：日松井机关长来称失踪日兵已寻到，现在可以和平解决，双方已商定停战办法三项：（一）双方立即停止射击；（二）日军撤退至丰台，我军撤向卢沟桥以西；（三）城内防务除宛平原有保安队外，并由冀北保安队担任，人数限300人，定于本日上午9时左右到达接防，并由双方派员监督撤兵。我以为停战协定现已成立，战事当可休止。但上午6时，日军复向城中发炮达70余发。我当即以电话向北平报告，并请向日方诘问。据日方的答复说，这次炮击是为掩护撤兵。到7时半炮声始停。9时以后尚无保安队进城消息，经查明保安队到大井村（在北平至卢沟桥中间），为日军所阻，不得前进，且发生冲突，我军阵亡士兵1名、伤数名，北平方面正在交涉中。直至午后3时双方监视撤兵委员始到达宛平。我方为冀察外交委员会专员林耕宇（林于8日自宛平出城与日军牟田口接洽停战未妥即回北平）、冀察绥靖公署高级参谋周思靖，日方为中岛顾问。当即分作两组，甲组为林耕宇和樱井（樱井是日方所派调查委员，于8日晨同到宛平），乙组为周思靖及中岛。双方分途出发，不久即返城报告，监视撤兵完毕。但这时保安队尚未进城，当由周思靖与中岛同往大井村与河边接洽。到6时左右由周带来队兵50名交我接收。我以双方议定接防保安队人数为300名，今只到50名，不够城防分配，当复电北平，请向日方交涉。不久接北平电话，谓已与天津日本驻屯军商妥，保安队可全数进城，但所携带的机关枪则须送回北平。7时以后，保安队才全部进城，但不足200名之数。据说每一挺机关枪由队兵3人押运回平，故人数不足。冀北保安队是石友三所部，也归第二十九军统辖，到后即刻将防务分配完毕。这时日军旅团长河边正三要求允他率徒手幕僚入城慰劳，经我谢绝。日方派外交人员笠井顾问、广濑秘书及爱泽通译官3人携香槟酒来城，故作表示庆祝和平实现之意。笠井等去后，经我方查明，城外铁路涵洞处还有日军隐藏，并未撤尽。时已入夜，且有去而复返的，数目不少。在这时候，监视撤兵委员都已返平，仅中岛还在城内正匆匆欲行，我以中岛系监视撤兵委员，现在发觉日兵并未撤尽，这等责任应由他负，当即向他交涉。中岛无法诿卸，允为协助办理未了事件。到了夜间，涵洞内隐藏的日兵果然向城中袭击，幸我军已有准备，以枪弹还枪弹，日军仍不得逞。我急以电话向北平报告日军隐藏及袭击情况，并请示处理办法。北平方面命我于次日晨同中岛到平面商。我和中岛遂于10日清晨同车赴平。当车过铁路涵洞附近地方，尚见日军步哨数人持枪作射击姿势，经中岛告以接洽和平任务，始得通过。

我于10日上午抵北平后，即至市长秦德纯宅。这时河北省政府主席兼第二十九军第三十七师师长冯治安、冀北保安队旅长程希贤和绥靖公署高级参谋周思靖都在座。不久，日顾问樱井、中岛（中岛在进城后和我分途）、笠井和斋藤秘书也来到。我们一起开了联席会议。我首先声明我方已遵照停战条款实行撤兵，但日军在铁路涵洞部分尚未撤尽，而且昨天夜间又向宛平城袭击，日军此等行为，显系破坏停战协定，应迅速撤退，方能保持和平，否则一切后果均当由日方负责。斋藤声称日军未曾撤尽的原故，是因为有阵亡日兵尸骸数具尚未觅得，留下这些少数部队以便搜索。我驳斥他说，搜索尸骸无须许多士兵，而且也不必携带机关枪。斋藤辩称，因恐受你方袭击，不得不多留部队，以资警戒。我说，如果真为搜索尸骸，我方可帮同办理。遂由我方代表提出，双方各派委员若干人，组织徒手搜索队，向战地各处搜索，日方代表赞成此议。于是商定我方由第二十九军、冀北保安队及专员公署各派委员1人，日方以樱井、中岛及笠井3人为委员共同组织。并由第二十九军及冀北保安队各派士兵10名，日军派士兵20名，徒手，由六委员率领，在卢沟桥附近各地尽量搜索，搜索时间以24小时为限，到时无论发现尸体与否，日军都应向丰台撤退。双方同意正预备执行，日方代表樱井等4人忽然离席向外边打电话，经过很久，尚未回来。等我往外边一查，才知道他们竟不辞而别，踪迹俱无。这时各方报告接连而至，谓日军已由天津、古北口、榆关等处陆续开到，且有大炮、坦克等向卢沟桥前进，已将大井村、五里店等处占领；平卢公路也不通行，战事即将再发。仅仅3天期间，日方故弄诡谋、背约弃信至4次之多：第一次，停战协定后，日军又炮击宛平城达70余发；第二次，日方破坏停战条款阻止我方保安队进城；第三次，我军遵约撤出，日军还隐藏一部未撤，而且向宛平城袭击；第四次，双方议定组成搜索队，日方代表忽然离席而去，日军又将大井村等处占领。以上一连串的诈谋诡计，都是为了达到缓兵目的。至此，日本侵略者的狼子野心已暴露无遗。

日方由各处调来重兵后，向宛平城进击，和平谈判再被破坏，无法再商谈。这时平卢公路不通，我就取道门头沟绕长辛店返回宛平。自11日起，日军时以大炮轰击宛平城及其附近一带地区，城内居民伤亡颇多，团长吉星文亦负伤，就将城内居民向城外比较安全地带疏散。战事由此扩大到八宝山、长辛店、廊坊、杨村、南苑等处，我二十九军各部分散于各处应敌。日军出动飞机在各处侦察扫射，战事时断时续，由北平至宛平电话也常被敌人破坏，不能通话。当七七事变爆发前，冀察政务委员会委员长兼第二十九军军长宋哲元正请假赴山东乐陵原籍，这时急速回平。路过天津时，与日本驻屯军司令香月清司作数度和平的谈判。宋返平后，发出通告声明三事：（一）第二十九军绝对遵奉中央命令枪口不对内；（二）冀察领土主权不能任人侵犯；（三）对日交涉仍本和平原则进行。到22日和平协议才有眉目，日方要求将对手交战之第三十七师冯治安部调往冀南，所遗防务由第一三二师赵登禹部接替。我方为求得和平，就允其所请。正在进行调防中，日军炮击宛平城、长辛店等处更为猛烈，显然含有威迫作用。25日晚，日军一部忽欲从广安门突入北平城，为我守城部队所阻，计不得逞。26日，天津驻屯军司令香月清司竟向我第二十九军军长宋哲元发出通牒，限第二十九军全部于24小时内离开北平，否则即以飞机大炮攻城。我方至此实在忍无可忍，各线遂奋勇反攻。27日将丰台车站克复，同时八宝山等处我军也获胜利。28日拂晓，日军以大部兵力并飞机、坦克猛扑南苑，激战至下午，我第二十九军副军长佟麟阁、师长赵登禹先后殉国。日军更向北平进攻，冀察当局为避免全城糜烂，就将北平军队撤出，在涿州一带布防抗战。卢沟桥、八宝山等处我军正向丰台胜利前进中，至此也一同转移。当我军转移时，日军飞机连番追逐轰炸扫射，在长辛店、公主坟及大灰厂等处，我军民被炸被射，死伤甚多。卢沟桥于7月30日沦陷。自7月7日起共抵抗24天，孤城屹立，士气旺盛。后因孤立无援，终于奉命退出。

（王冷斋：《卢沟桥事变始末》，载戴守义、秦德纯等：《七七事变：原国民党将领抗日战争亲历记》，中国文史出版社2013年版，第20—28页。）

宁为战死鬼　不作亡国奴 /金振中

我于1936年春，奉命接替宛平和卢沟桥防务。当时卢沟桥的形势已日趋紧张，日本侵略军已占领丰台，并不分昼夜地在卢沟桥一带进行所谓“演习”，用心险恶。卢沟桥既是南下的要冲，又是北京的咽喉，他们时刻想占领它。日军一旦占领卢沟桥，北京就是一座死城，华北也唾手可得。

我率领的第二十九军第一一〇旅第二一九团第三营是一个加强营。计有步兵四个连，轻重迫击炮各一连，重机枪一连，约1400多人。

我部到卢沟桥后，立即按战斗需要进行兵力部署。把较强的第十一连部署于铁桥东段及其以北回龙庙一带；把第十二连部署在城西南角至南河岔一带。第九连驻宛平县城内。第十连为营预备队，驻石桥以西大王庙内。重迫击炮连部署于铁桥西首，主要责任是歼灭日军的战车和密集队伍。轻迫击炮连部署于东门内，以便支援各邻队。重机枪连部署于城内东南、东北两城角，以便支援前方队伍。

兵力部署后，我时时警惕日军偷袭我宛平城。那时日军经常以卢沟桥为“假想敌”进行演习，始是虚弹演习，后为实弹演习，日军气焰十分嚣张。我便经常向士兵进行爱国教育，要求全营官兵在吃饭前、睡觉前都要高呼“宁为战死

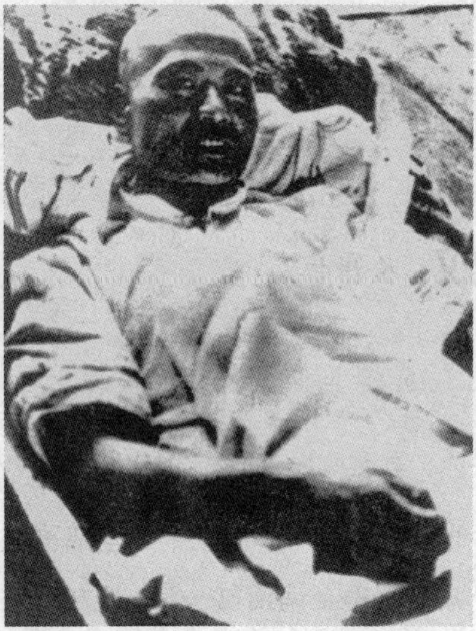

二十九军一一〇旅二一九团三营营长金振中在指挥作战中受伤。

鬼，不作亡国奴”的口号，以激励官兵守土抗敌之志。

7月6日，旅长何基沣要求第二一九团注意监视日军行动，并命令全体官兵如日军挑衅，一定要坚决回击。我第三营官兵目睹日军的挑衅活动，极为愤慨，一致表示：誓死抵抗，愿与卢沟桥共存亡。

午饭后，为侦察敌情，我换了便服，扛着铁锹走向铁桥以东500米左右的日军演习地，查看日军动态。刚过卢沟桥火车站，远远看到日军队伍，不顾雨淋和道路泥泞，以卢沟桥为目标，进行攻击式演习。后面炮兵如临大敌，紧张地构筑工事。再后面隆隆不绝的战车声越来越近。见到此情，我马上回到营部召开军事会议，传达我所目睹的一切。要求各连作好战斗准备，并规定日军进入我阵地百米内才准射击，不让敌人逃出我们的火网。

7月7日夜11时许，忽然听到日军演习营地方向，响了一阵枪声。少顷，冀察绥靖公署许处长来电话说：“据日方说，他们的一名演习兵被宛平城内华军捉进城去，他们要进城搜查。”在这黑漆漆的雨夜，日军到卢沟桥警戒线内演习，明明是企图偷袭宛平城，只因我守备森严，无隙可乘，便捏造丢失日兵为借口，乘进城搜查之机，诈取我城池。我将此情回告许处长，陈述不要听信日方谎言。刚刚放下电话，激烈的枪炮声便响了起来。炮弹飞越宛平城墙，炸倒营指挥部房屋六间，炸死士兵二人，伤五人。防守阵地的各连长纷纷报告，日军蜂拥般地向我阵地扑来。我立即奔往城上指挥战斗，给敌人以猛烈回击。到深夜2点，许处长又来电话说，日方提出两点建议：(一)双方停止射击，各自运回阵地伤亡的士兵；(二)天明双方派员调查丢失日兵一事。早6时由绥署二人，日方四人，乘汽车两辆进入宛平城内调查。这两项建议绥署已同意，让我通知所属。我接到此通知后，立即请专员王冷斋到东城楼上，面谈有关事宜，并商定来城的汽车须在岗哨前500米处停车，经我哨兵检查后，方准放行。

8日晨6时许，果然由东驶来两辆汽车，在指定地点经检查后，向宛平城开来。我和王冷斋出城迎接，一起来到专署(即宛平县政府)。日方来代表四人：日本特务机关部辅佐官寺平，冀察政务委员会军事顾问樱井，秘书斋藤和一名随从。我方代表是冀察政务委员会外交委员会专员林耕宇，冀察绥署交通处副处长周永业，河北省行政督察专员兼宛平县县长王冷斋。双方坐定后，樱井提出三点无理要求：

(一)宛平县城内中国驻军撤退到西门外十华里，以便日军进城搜查丢失之日兵，否则日方将以炮火把宛平城化为灰烬；

(二)昨晚日方所遭受之损失，应由华方负责赔偿；

(三)严惩祸首，最低限度处罚营长。

我方代表，对以上三点无理要求，十分气愤。我按捺不住心中怒火，当即指出：

(一)丰台距卢沟桥八里之遥，又是雨夜，你们偏偏到我警戒线内演习，险恶用心，已暴露无遗；

(二)你方丢失一兵，有何凭据？何人作证？如真丢失，应由你方带兵的负责，与我方何关？

(三)你方昨夜炮轰宛平城，民房被炸倒，军民被炸死、炸伤多人，惨不忍睹，应由你方赔偿我方损失。我军保卫国土，打击入侵之敌，何罪之有？你们才是祸首。

谈判进行到9点半左右，日方又开始炮轰宛平城，炮弹击塌县府屋角，室内烟尘弥漫，我方代表非常气愤，退出会场。场内只有我和几个随从兵以及日方四人。樱井等人乘我方代表不在之机，向我提出两点要求：

（一）先把我们四人缒城出去，向我军说明，华军同意于本日薄暮撤至城西十华里以外；

（二）我等四人愿同你到城东北角，插上白旗，表明华方接受我方要求，即可停止攻击，并保证你个人的安全。

我听后，怒不可遏，厉声加以训斥。

这时，日军转向铁桥东端发起进攻，战斗打得十分激烈，我恐铁桥东段发生危险，立即把守城的第九连抽出，我率领第九、第十两个连冒着密集的炮火向围攻铁桥东段的日军进击。经过两小时的战斗，把日军击退二华里，铁桥东段得以收复。

午后2时，日军联队长牟田口派人送信，提出两点：

（一）立刻将樱井等人送还，双方不得射击；

（二）守城华军，必须在当日下午五时以前撤出城西十华里，以便日军进城搜查，否则日方定以重兵踏平宛平城。

我当即在原信封上回答两条：

（一）宛平城和卢沟桥的守军誓与城、桥共存亡，任何威胁也吓不倒；

（二）樱井等人也愿与我城、桥共存亡，望你不要顾虑。

我知道日军又要发动进攻了。为击退日军再犯，我认真考虑了应战对策。我设想，如果日军再次进攻，必先以强大炮火摧毁我城、桥。再以战车掩护其步兵，抢夺我阵地。在夺取我阵地时，炮兵必向我阵地后方延伸射击。为避免无谓的牺牲，在敌炮兵一开始向我方射击时，各连除留少数监视敌人行动外，其余均隐蔽起来。迨敌炮兵发泄淫威后，敌战车掩护步兵来夺我阵地时，各连隐蔽的队伍迅速出击，与敌之战车、步兵作殊死战，消灭敌人于我阵地之前。轻重迫击炮连和重机枪连，不失时机地向威胁我方最大之敌猛烈攻击，彻底消灭之。营所控制的第九、第十两连，根据当时情况加入最激烈、最危险的战斗。

8日晚6时，日军炮兵果向我卢沟桥、宛平城周围猛烈射击，直至晚8时才停止。但未见其战车和步兵出动。

9日6时，驻丰台车站的日军大队长一木清直指挥其炮兵，向我城、桥周围进行疯狂射击。两小时后，出动十数辆战车，掩护其步兵向我城、桥扑来。我右翼第十二连战斗最为激烈，我命轻重迫击炮两个连，集中火力消灭敌人战车和密集队伍。我率第九、第十两个连的兵力，由第十二连右翼攻击日军左侧背，双方发生肉搏战。战斗至11时，我命队伍全面出击，激战至12时，才把进犯之日军击退。

10日上午8时，日本联队长牟田口亲临前线指挥，先以强大炮火，把城、桥周围炸得砖石乱飞，浓烟滚滚，紧接用加倍兵力集中强大炮火，以战车掩护步兵围攻城、桥。最激烈的是铁桥东端的战斗，铁桥东端已被日军重重包围。我用轻重迫击炮两个连集中火力攻击日军的战车和密集队伍。重机枪连攻击威胁我铁桥东端左翼的日军，我率第九、第十两个连猛攻右翼的侵略者，展开了激烈的肉搏战，但最后被日军占领了铁桥东端的阵地。这时已是午后1时，双方队伍均疲惫不堪，相距400米，形成对峙状态。

师长冯治安了解到战况十分艰难，极表关注。他电话通知我，下午3时有人与我联系。3时许，保安第四团第二营曹营长带领四个连长来见我，并说奉师长命令参加战斗。曹营有700余人，为夺回铁桥增加了力量。

10日晚8时，召开军事会议。定于11日凌晨2点，全面出击夺回桥东失地。

这次战斗以我营为主。首先由新来的保安团第二营派一个连接替我营阵地（即由回龙庙、大铁桥到南河岔一线）。宛平县城防仍由保安队负责。第三营的第十一连，向占据铁桥东端的日军正面出击。第十二连右接第十一连左翼，向日军右侧背进攻。第九连左接第十一连右翼，向日军左侧背进攻。保安团曹营长率三个连，左接第三营右翼，向正面之敌猛攻。重迫击炮连集结于铁桥东，轻迫击炮连左接重迫击炮连右翼，根据战况适当射击。重机枪连以支援铁桥东端战斗为主。第十连为预备队，埋伏在铁桥东端四百米处。我在预备队。

规定战斗时注意以下四点：

（一）出击时间：11日凌晨2时；

（二）出击队伍联络记号：以白毛巾围绕脖子；

（三）本夜口令："战胜"；

（四）我桥东失地收复后，发射四发红色信号弹，见到信号弹后，各个出击队伍撤回原驻地。

11日凌晨2时，各连均按预定计划出击敌人。刹那间喊杀声、枪炮声连成一片。我营队伍与占领铁桥的日军发生了一场激战。经过一个多小时的战斗，我即让曹营长向正面敌人猛攻，使敌人无法抽出兵力支援他方战斗。我又调遣曹营长的第六连和我原留的预备队（第十连），又抽调一个重机枪排，合并为两个少兵连、一个重机枪排，由我率领，向铁桥东端的日军左侧背猛攻。经过两小时拼搏死战，才击溃日军，收回失地。此时各连队伍均狂奔欢呼着纷纷追击溃逃之敌。但却忽略了清扫战场，在我指挥追击逃敌时，不意竟被隐匿之敌以手榴弹把我左腿下肢炸断，紧接又射来一发手枪子弹，由我左耳旁钻进、右耳下穿出。随从兵急忙抢救，把我抬出战场，护送到长辛店车站，及时送往保定医院救治，得以痊愈。住院期间，全国各界人士纷纷慰问，我感愧之余，只有努力杀敌，仰答举国同胞的盛情和期望。

（金振中：《宁为战死鬼　不作亡国奴》，载戴守义、秦德纯等：《七七事变：原国民党将领抗日战争亲历记》，中国文史出版社2013年版，第58—63页。）

南苑战斗 /孙家骥

驻北平南苑的部队，有第二十九军军部各处及直属炮、工、交各营，特务旅（旅长孙玉田，该旅装备齐全，训练有素，多系喜峰口抗战的老兵）所属两个团，军官教导团（都是西北军中失业和编余的军官组成，战斗很有经验，佟麟阁任团长），骑兵第九师（师长郑大章）之一个团，第三十七师炮兵团和一个步兵团，统归副军长佟麟阁和第三十七师师长冯治安指挥。由于军事训练团一再表示杀敌之决心，亦将该团列入战斗序列。

7月20日，得知宋哲元坐镇北平，并传达他守土有责，克尽军人天职的命令。我团即在南苑东南小砦外挖掘堑壕，配置兵力，防止通县窜犯之敌。军官教导团及特务旅担任正面防务，阻止由黄村向北进犯之敌伪军（冀东防共自治政府的伪保安队）。第三十七师、骑兵第九师之一部，布防于欧亚飞机场一带，阻止由丰台、长辛店企图包围南苑之敌。堑壕筑成后，为扫清射界，将阵地前400米内的高粱、玉米一律砍倒，部队开始进入阵地，加强前哨警戒。

7月27日夜，由黄村方向传来密集枪炮声。据通报，第一三二师师长赵登禹调河间任丘两个团增援南苑守卫，赵行抵黄村东北团河附近与日军不期遭遇（说是不期，实际上已由冀察政委会的汉奸潘毓桂等向日军报告我方军事部署），发生了激烈的战斗。28日拂晓，日侦察机两架在南苑上空盘旋约一小时左右。随后敌军开始向我纵深阵地炮击，敌轰炸机五架轮番沿阵地轰炸扫射。我方无防空武器，只能消极防空，骑兵团未及展开，即被敌机炸散，人马死伤惨重。我当时系见习官，随第二中队队长王仲懿指挥作战。当时在敌炮火下，我队已有十数人阵亡，由于战前准备不充分，救护人员上不来，只能暴尸于堑壕内，至10时许敌人步兵在坦克车掩护下，向我团阵地攻击前进。当敌人已进抵我扫清的射界时，传来"上刺刀，准备冲锋，歼敌于阵地前"的命令。就在这即将决战时刻，又传来命令向南小砦内转移。这不是由大队长李克昌的传达兵所传达，而是由邻兵递次传出的。我队也随之沿堑壕后撤。撤退时无人掩护，秩序混乱，指挥无人。退入砦内时，大操场的演武厅已被敌人占领，敌人正从屋顶上用机枪向砦内外我部队射击。我军就这样全线溃退了。

驻扎南苑的第二十九军兵营。

当面之敌仅是日军河边正三旅团，步骑炮联合约3000多人，竟在3个多小时内突破我军防线。我团第二、第三大队的大部分官生经固安、雄县退至保定。我大队官生利用庄稼隐蔽向北平撤退。在抵达大红门时，见到副军长佟麟阁正在指挥卫队阻止部队后退，命令不论哪个部队的士兵都统一编组，凡是军官都出来指挥，组织起来，向南苑反攻。我军士兵是积极的，见到我是准尉，自动愿听我指挥的有30多人。正当组织收容时，敌人飞机轮番轰炸扫射，佟副军长及其卫士余副官同时殉国。混乱之际，部队零散反攻未果。此时已是下午1时许。

同我一起的30多人，利用地形隐蔽后退。至黄昏后，南苑方向的炮声沉寂下来。从老百姓口中得知，丰台、黄村已被敌军占领。直到夜11时许，我们才到达永定门，守卫不给开城门，用绳索数条把我们逐一吊上城内。市区已不见岗警，但行人不少。马路两侧还摆着西瓜、酸梅汤、馒头等食品，叫士兵们食用；有些学生给我们带路；有的市民见到我们队列行进，脱帽致敬。此情此景，使我们这些溃兵心酸而惭愧。

深夜12时许，我们到达中南海怀仁堂集合，已有不少队伍在此休息。中南海里凌乱不堪，树荫花丛中，遗弃很多军服、长枪及破坏的汽车等等，冀察政委会官员已迁往保定。我们就乘机找些好军衣或掉换好枪支。随后由副参谋长张克侠召集讲话，大意是：平津两市由张师长（张自忠）代理。部队于明晨2时出发，出西直门经大灰厂、门头沟，至良乡、琉璃河、高碑店到保定集中。出西直门后，注意长辛店敌人的袭击。官长发五元路费，士兵二元，即刻出发。

部队行抵良乡时已经黎明，日本飞机赶来沿途轰炸，并散发传单说些什么“此次军事行动，是为膺惩二十九军”等谎言。由于地形复杂，易于隐蔽，部队未受损失。大雨连绵，至保定东关时，已是积水没膝。部队在保定休整后，经高阳至沧县、泊镇之线，于8月初配合由天津撤退至静海独流减河一带的第三十八师，在沧州及津浦沿线与敌人展开激战。

（孙家骥：《南苑战斗》，载戴守义、秦德纯等：《七七事变：原国民党将领抗日战争亲历记》，中国文史出版社2013年版，第68—71页。）

北平突围的事实 /刘汝珍

警备北平城

当"七七卢沟桥事变"的时候，我二十七旅布防于任丘一带，于7月18日奉到军部电令："令该旅进驻固安，掩护平大公路，并掩护卢沟桥右侧之安全。"

于是19日到达固安，部署一切。20日又奉军部电令："令该旅为左地区右侧支队，以固安、庞各庄、黄村为据点，北宁路为轴线，左援协攻卢沟桥，另一部协攻丰台，右与廊坊取切实联络。"

先是三十七师之二二一团与二二二团担任北平城防。因为二十二年（1933年）长城抗战，获得喜峰口大胜利便是该两团，因此，日寇要求将该两团调离北平40华里，以一三二师调至北平担任城防。我方一面答应日寇的要求，一面将该两团换穿保安队军服，仍驻城内，仅将保安队调离北平，以缓和日寇无理的要求。我独立第二十七旅（当时拨归一三二师节制）奉令由固安以急行军进驻北平，石振纲旅长（8月1日突围时，石行至马房，脱离部队，折回北平，即由六七九团团长刘汝珍继任）任北平警备司令，当时部署如下：

旅部及六七九团团部驻天坛，六七九团第一营警戒骡马寺、广安门（通丰台公路）、右安门之线；第二营警戒东便门（通通州及北宁铁路）、永定门以东之线（主力配置于南缺口）；第三营为预备队，随团部驻天坛。六八一团团部驻禄米仓，六八一团第一营警戒东直门、安定门之线；第二营警戒齐化门，及东缺口之线；第三营为该团预备队，随团部驻禄米仓。至于阜成门、西直门、德胜门之线，仍由三十七师之二二一、二二二两团担任警戒（临时归二十七旅节制）。

驻于北平城内东交民巷之敌兵，约有500余人，附有坦克车等武器。

当时北平城内，汉奸充斥，四处扰乱，时闻枪声，既要警戒敌人的蠢动，又要防范汉奸的陷害，彰明昭著的敌人，尚易于应付，而神出鬼没的汉奸，则难于清除。因为民众未曾动员，不能帮助军队肃清汉奸，以致军事上的行动，反不如敌人便利与灵活，这是抗战开始的时候，感觉最困难的问题。

大战广安门

7月26日下午，日寇派中岛顾问、樱井顾问、佐藤茂书记官等到广安门，与我刘（汝珍）团第一营第一连守兵接洽，适遇刘汝珍巡视城防，佐藤茂等便向刘汝珍说：“我们日本军只有七八十人，想来观光北平城，请你们开放城门，让我们到城里逛逛，并无别意。”刘团长一面暗自下令叫弟兄们注意，准备厮杀；一面和佐藤茂说：“我们中国军很欢迎你们贵军，请他们来逛北平城吧，来到了，再开城门。”佐藤茂等信以为真，马上跑回去引了一群兽兵来，约有500余人来，附有坦克2辆，载重汽车12辆，坐车5辆，浩浩荡荡奔向广安门来，看见我们还没开城，有的竟爬起城来，刘团长便下令一齐射击，弹如雨下，只打得日兽兵纷纷溃逃，佐藤茂书记官先受枪伤，后被我军斩首，樱井因逃跑失足陷落于粪坑中，后经熊少豪、周思靖（后均当汉奸）二逆将其领去，中岛则已鼠窜远去。此役，敌兵死亡30余人，受伤80余人，夺获载重汽车3辆、坐车5辆，子弹10余箱，掷弹筒10余个，望远镜、照相机、文件等。击毁敌载重汽车1辆，坐车1辆，又击毁坦克车2辆，已被我夺获，惜我无人驾驶，无法运回，旋又被敌夺去。我阵亡7人，伤重殒命5人，负伤10余人，内有官长1员。残余的寇兵，溃不成军，纷纷逃到民家，作摇尾乞怜状，口称爷爷，请你们保护我的性命，不要叫中国军把我的头砍掉了，我今生不能报答你的鸿恩，等到来世变猪狗也得报你们的恩。后因奉到绥靖公署的命令，不准扩大事态，并准许日寇领事收容残兵，收容了三四个钟头，还没收容齐，可见寇兵怕死，躲在民宅，不敢出来，毫无战斗意志。敌伤兵亦准领回，并由日寇领事保证不再发生此等事件。我方军人以服从为天职，只得含泪收军。

日寇先拟攻下广安门而占北平，因受我军严重打击，故于27日上午5时攻团河，由我一三二师之第四团猛烈抵抗，但敌机18架，骑兵四五百名，步兵千余名，大炮10余门联合进攻，我全团官兵生还者仅500余人，余均作壮烈之牺牲。28日拂晓，敌步炮骑联合兵种共3000余人，敌机30余架，攻南苑，并先以大炮轰击，我佟副军长（麟阁）、赵师长（登禹）率步兵二团、骑兵一团艰苦抵抗，终因伤亡太多不支，佟赵二公亦均于是役殉职。

血泪话当年

7月28日，宋公明轩奉令离平，誓师保定。张公荩忱忍辱负重，留平折冲，敌派中岛游说，以我二十七旅改为保安队，仍负北平治安之责，但日寇其言愈甘，其心必愈毒，一因当时敌尚无力统治北平，便本其“以华制华”的毒计，企图制造傀儡政权，以为过渡。一因二十七旅之刘团，曾于26日大战广安门，予侵略者以严重的打击，敌人知我二十七旅不能以武力使我屈服。因此，欲以阴谋诡计，甜言蜜语来软化我官兵，使我军屈节乞降，以达其“以华制华”的阴谋。可是当时为了环境的逼迫，又因已被敌人层层包围，如不延长空间，争取时间，以为充分准备，恐怕突围是不可能，如与敌作无谓之牺牲，于事无补，虽死奚益，于是饮恨吞声，虚与委蛇。然我三千官兵之赤胆忠心，都被民族解放的火炬和国家独立的烈焰燃烧得像热铁一般，准备以鼎沸的热血，来冲洗北平的城门——突围。

29日，敌顾问中岛率周逆思靖（汉奸）为翻译，以狞笑的面目，在旃坛寺讲话："大日本和你们支那是同文同种，应该共存共荣。这次卢沟桥发生了不幸的事件，是你们支那不认识大日本在东亚的主人地位，误解了大日本和你们支那提携合作的意思，真是遗憾之至。现在你们二十七旅负了北平治安的责任，我看你们都很忠实，想借重你们的力量，把你们改成保安队，继续维持北平的治安，保证对你们没有恶意，请你们大家放心。26日你们在广安门，把大日本的佐藤茂书记官打死了，还伤亡了许多日本弟兄，这不幸的误会，更是遗憾，可是你们的主官是哪一位，我要和他见见面，做个朋友。"

这些荒谬麻醉的鬼话，任何傻子都不会去相信他。当中岛追问到26日大战广安门部队主官姓名的时候，我六七九团第一营的官兵们，首先便发出忍无可忍的最后怒吼，当时有人大叫："是我们中华民国不愿当亡国奴的英雄们，起来打你们的。"有人便叫："你们打吃亏了，还想报仇吗？要干咱们马上就干。"声势汹汹，几乎马上要和他——中岛拼个死活，官长们都把暗藏在身上的手枪掏出来，士兵们也都把暗藏在身上的手榴弹掏出来，一齐瞄准日贼中岛，将要发射和投掷，吓得中岛贼魂不附体，连忙作讨饶的口气说："我是钦佩你们的英雄行为，问出你们官长的姓名，想和他做个朋友，哪里敢想报仇呢，请你们不要误解了我的意思。"战栗颤抖地说完这几句话，狼狈得很，抱头鼠窜而去。我们的官兵，气愤得痛哭流涕，怒形于色，刘汝珍便说："好男儿不要流泪，我们准备流血吧！"

突围中的战斗

8月1日下午4时，石旅长振纲、张参谋长傅焘、刘团长汝珍、赵团长书文四人开军事紧急会议，首由刘团长发言："日寇欺我太甚，北平环境太劣，改为保安队等于投降敌人，投降便是民族的罪人，我们宁死不屈。”张参谋长首先附议赞成，并以去就力争。刘团长继续又说：“我们马上准备突围，在突围以前，先把北平城内的日寇杀个一干二净，杀一个够本，杀两个便是一双，杀尽以后，再拼着我们的头颅和热血，突围而出。”结果对于突围，全体赞成，不过对于先把城内日寇杀尽以后再突围，不但要毁坏千年以来的北平文化城，恐怕对于突围要受到更多的困难，于是前议作罢。最后决议突围的方向，是南（经大红门、南苑、固安、雄县，到保定）不如北（经安定门、小关镇、羊房，到南口），并决定分多路，走小径，由安定门、小关镇、报房、马房、清河镇，到羊房（距南口30余里）为主要道路，官兵不准放枪，士兵一律上刺刀，准备白刃战。

散会后，即于下午10时开始突围，六七九团在前，由刘团长汝珍率领，六七九团第一营营长李延瓒留平未出，由营副张文宾代领，第二营营长杜春堂留平未出，由营副长梁学信代领，第三营由龚营长乃强率领。六八一团由赵团长书文率领，六八一团第一营由张营长聿堂率领，第二营由营长田明祥率领，第三营由营长陈瑞武率领。石旅长振纲、张参谋长傅泰随六七九团行进。

当时真是衔枚疾走，鸡犬不惊，雪亮的刺刀上在崭新的捷克式枪上，更显得亮晶晶的比月亮还要光明，我们是朝着光明的大路上走，走向民族解放的战场。我们像怒潮巨浪般地冲出了安定门，到了小关镇，分路向目的地——羊房集结。在突围前已将平郊电线割断，障碍敌之消息，以迟缓敌之追袭。因北苑四周有敌重兵，如被发觉便不易突过，如能突过，而损失必大。因电线已被我割断，城内敌人四处通话都因此而发生故障，所以西苑北的敌人，尚未发觉，我军已经小关镇、报房，冲过马房（石旅长到此即脱离部队，折回北平，由刘汝珍团长继任旅长），越平绥铁道向羊房集结。

在马房南有小河一道，上架一独木桥，我先头部队当与敌在此发生战斗，被敌击毙及负伤10余人。我后续部队赶到后，敌兵纷向村中逃去，并无多大战斗能力，被田明祥营长夺获战马4匹。小河上的独木桥，敌亦未及破坏，我们过河时，还隐约可以看见村的东头，架有机关枪，但是敌兵胆小如鼠，并不敢向我们发射，可见敌之战斗意志，甚为薄弱。到了清河机场与敌发生战斗，我军阵亡排长魏万清1员、兵3名，到清河镇时又遇敌之主阵地，当又发生战斗，我伤亡百十人。被我夺获二八式步枪20余支，子弹4000余粒，轻机关枪3挺，尚有汽车等笨重物品，无法运走。我军由马房向西北沿铁道行进之部队，与敌警戒部队发生激烈战斗，敌之坦克车10余辆，飞机20余架，追踪轰击，我军伤亡500余人。到羊房集结后，才脱离危险界线。我军到察省后，旋敌拟由青边口（在宣化北30余里）偷袭宣化，妄冀不战而下南口。当派我六八一团把守青边口，机动出击，当发生青边口之激战，计我军伤亡300余人，敌伤亡约有千余人，击破敌之偷袭企图。总计北平突围，全旅伤亡及失踪者1200余人。损失迫击炮4门，步枪200余支，掷弹筒20余个，骡马200余匹。总计伤敌约有1100余人，夺获敌步枪20余支，子弹万余粒，轻机关枪2挺，战马4匹，载重汽车3辆，坐车5辆，掷弹筒10余个，望远镜、照相机、文件等，击毁敌之坦克车2辆，载重汽车1辆，坐车1辆。

敌攻我卢沟桥、广安门、团河、南苑，及追袭我突围部队，均系敌寇河边旅团所属之牟口田、萱岛两联队。

（摘自刘汝珍旅长口述、胡应信笔记：《北平突围血腥录》，载北京市档案馆：《绝对真相——日本侵华期间档案史料选》，新华出版社2005年版。）

挥泪告别卢沟桥 /洪大中

我在卢沟桥与第二十九军抗日官兵相处将近三周。在撤退前三天，吉星文要我征集至少三套的骡马车30辆。我从宛平南乡的庞各庄、良乡等平原地区征到30多辆，在长辛店集中待命。原定7月20日晨向部队点交，不料宛平守城部队竟于29日夜从卢沟桥悄悄撤退至保定。第二天清晨当我起来得知宛平已无守军，又看到南苑、落垡、黄村等地第二十九军纷纷向保定转进，才急令所有大车立即各回原来县区，可是为时已晚。大约上午9时许大车行至长辛店西公主坟一带，被日军四架重型轰炸机轰炸和低空扫射，损失惨重。我和县府科员刘儒卿躲在梨树林中，幸免于难。由于骡马被敌机的低空飞行所惊，无法控制，因此目标完全暴露。骡马拖着大车跑下公路，互相冲撞，陷于农田之中，车把式都去躲避敌机，30多辆马车100多匹牲口全部损失。

当日军飞机在公主坟轰炸时，我和刘儒卿各牵一匹马在手，在刺耳的炸弹的呼啸声中，两马安稳不动，堪称幸运。

后来弄清楚情况，才知道昨夜南苑被日军突然袭击，佟麟阁军长、赵登禹师长等壮烈牺牲，南苑不幸失守。宋哲元和平津军政人员均已于29日夜间绕道门头沟到达保定。这就是说局势突变，第二十九军已放弃了冀察军

日军飞机轰炸中国军队驻地。

政中心的北平了。我和刘原来还想去北平取出赈款2000元，发给城内居民，现在也只好作罢。我眼望北平方向，遥祝老母健康长寿，调转马头问到县府，取出专署关防、县府铜印等，与城区居民和长辛店居民挥泪告别。相处七个月，不胜依依惜别。过了良乡，就大雨滂沱，公路积水盈尺，分不清河流与水塘，多次人马掉入河中，幸亏刘儒卿经验丰富，救我出险，我深为感激。从卢沟桥至保定，走了三天三夜，到达保定后即至河北省府交还关防、印信。得知王冷斋在保定住得胜店，宋哲元住曹家花园。我们找到王冷斋，向他汇报宛平临行情况，他对我们倍加安慰，并问我们想干什么工作。刘儒卿对第二十九军抛弃我们悄悄撤退，非常气愤。我也提到各县区的大车在公主坟损失惨重，如果吉星文头天把消息告诉我们，群众不致遭受这样的损失。刘儒卿表示坚决不干了，愿回山东原籍。王冷斋发给他200元路费，休息两天，即回周村老家。县府公务员小刘也在保定，他坚持要回宛平看看，我托他把两匹马带回去交给刘大爷。王冷斋介绍我到第二十九军宣传处任中校处员，宣传处处长是高树勋的亲戚。因旧习太重，我感觉受拘束，不到一个月又随王冷斋到济南、开封、西安组建第一集团军办事处。在济南因病住在齐鲁医院，我亲眼看到石友三在医院干出有失身份的事，我不等病愈就出院了。

如果不是遇到了转移部队告诉我们第二十九军撤退的实情，我和刘儒卿去北平等于自投虎口。因此刘曾怪我把生命当儿戏。我对此无言答对，因为整个北平周围的战斗打得糊里糊涂，令人费解。但七七事变的教训，则永远值得记取！

（洪大中：《挥泪告别卢沟桥》，载戴守义、秦德纯等：《七七事变：原国民党将领抗日战争亲历记》，中国文史出版社2013年版，第29—31页。）

冀东保安队通县反正始末 /张庆余

卢沟桥事变爆发后，因宋哲元不在北平，我派心腹刘春台（冀东伪教育训练所副所长）密往北平见河北省主席冯治安请示机宜。冯治安对刘说："现在我军同日军是和是战尚未决定，请你转告张队长，暂勿轻动。等我军与日军开战时，请张队长出其不意，一面在通县起义，一面分兵侧击丰台，以收夹击之效。"并嘱刘密告我："可委派心腹人员与二十九军参谋长张樾亭经常保持联系。"刘春台辞别冯治安即往见张樾亭，取得联系。张樾亭当将我和张砚田所部编入战斗序列。

发动反日起义的伪冀东保安队总队长张庆余。

这时，日军驻通县的特务机关长细木繁中佐，为预防第二十九军进攻通县，特召集我和张砚田在通县开军事会议，商讨防守事宜，并出示五千分之一的军用地图，要我们根据地图作出防守计划。我起立发言："我俩都是行伍出身，没有学问，不懂得军用地图。但我俩确具信心，保证能守住通县，并可配合皇军打垮二十九军。不过目前兵分力薄，战守均无把握，我的意见，莫如先抽调散驻各处的保安队集中通县待命，然后再徐议攻守，如何？"细木深以为然，当即照准。并认为我们忠实可靠，遂令散住各处的日侨亦集中通县，以便保护。

我随即与张砚田分别下令，调动所辖散驻各处的部队集中通县待命，并对调回的部队分别讲话，暗事部署。这时，冀东伪保安处处长刘宗纪见我神色异常，料知有变，因窃与我耳语说："你预备反正，如何瞒得过我。但我也是中国人，岂肯甘作异族鹰犬。望你小心布置，大胆发动，我当追随左右，尽力协助，以襄义举。"

我见日军大举进犯南苑，并派飞机轰炸北平，知战机已迫，不容坐视，遂与张砚田密议，决定于7月28日夜12时在通县起义。到时，我派兵封闭通县城门，断绝市内交通，占领电信局及无线电台，并派兵包围冀东伪政府（在通县文庙内），把汉奸殷汝耕禁闭起来。我同时又派兵前往西仓，捉拿日本特务机关长细木。细木闻枪声四起，料知有变，率领特务数十人抗拒。细木一手持枪，一手指斥我军官兵，大声叫嚷说："你们速回本队，勿随奸人捣乱，否则皇军一到，你们休想活命！……"细木的话还没有说完，即被我军乱枪击毙。其余特务见势不妙，急反身窜回特务机关内，闭门死守。旋被我军攻入，占领了特务机关。

我部营长沙子云奉我命督队进攻西仓日兵营。日军驻通县的部队约有300余人，连同宪兵、特警及日侨大约有六七百人。闻我保安队起义，知众寡悬殊，难以力敌，遂集合宪警和日侨于兵营内，负隅顽抗，以待外援。由于日军的火力猛烈，工事坚固，激战达六小时以上，我忠勇官兵牺牲于日军炮火之下约200多人，迄未得手。我见此形势，若再不能突破，日军开来大部援兵，内外夹击，更对我军不利，于是决定改用火攻，下令全军："有能从汽油库（亦在西仓，距日兵营很近）搬汽油一桶到日兵营四周的，即赏现洋二十元！"士兵激于爱国义愤，闻命踊跃争先，顷刻间，汽油桶已堆满日兵营四周。我见汽油已运到，下令前线士兵，纵火焚烧。刹那间黑烟弥漫，火光冲天，喊杀声沸腾起来。我军复用大炮和机枪猛烈轰击，集中扫射。接着步兵在炮火掩护下，乘势从四面冲入，远的枪击，近的刀砍。激战至29日上午9时许，日军除一部分逃亡外，顽抗者均被歼灭。

日军驻顺义一队约200人，亦被我驻顺义的苏连章团奉我命于同日乘日军不备，实行夜袭，迅速予以歼灭。苏连章团完成任务后，于29日上午10时整队开回通县。苏团开抵通县为正午12时，适日军派来轰炸机24架，对我通县起义军滥施轰炸，苏团官兵躲避不及，伤亡颇众。日机从正午12时起至黄昏时止，轮番轰炸，达7小时之久。苏连章见日机轰炸猛烈，防空无备，实在难以支持，于是脱去军服，弃械逃走。

张砚田因见日军势力强大，恐难与敌，乃乘日机轰炸、我忙于防

七七事变前，日军驻守在通州城的守备队是日本侵略华北的重要兵力之一。

空之际，不辞而别，潜回天津寓所隐匿。该队官兵亦因此相继结伴逃跑。

张砚田、苏连章等相继逃亡，这对通县起义军影响极坏。我获悉后，深感局势危急，像这样混战下去，我军愈战愈少，日军越来越多，势难坚持，遂决定趁当夜日军尚未合围，放弃通县，开往北平与第二十九军合兵一处，再作后图。于是我将全军分为左右两个纵队，由我亲自督队，平行转进。及开抵北平城下，始悉第二十九军已行撤出，退至长辛店、保定一带。正在这时，日军从城内杀出，适押解殷汝耕的汽车开至安定门与德胜门之间，被日军将押解囚车的士兵冲散，将殷汝耕劫走。敌复从城内开出装甲车20多辆，集中火力向我起义军猛烈轰击。我教导总队队长沈维干和区队长张含明因在火线上督队奋战，致中敌弹相继阵亡。我英勇的官兵，因冲锋肉搏，伤亡亦众。

我见第二十九军已去，本队形成孤立，加以前被阻截，后有追兵，若聚兵一处，待至天明，敌机必来轰炸，这么一来伤亡必多，实无异束手待毙。于是决计趁天色尚暗，化整为零，分全军为120个小队，每队五六十人不等，由连排长率领分批开往保定集合。孰意行至中途，竟被孙殿英部分别截击缴械。及我到保定后，我部官兵闻讯，都徒手步行到保定集合，请求我向孙殿英交涉，索还武器，仍愿开赴前线为国杀敌。我当即用好言安慰，嘱令静待后命。嗣后，我见宋哲元，宋握我手太息地说：“你这次起义，不负前约，惜我军仓猝撤离，未能配合作战，深觉愧对。”这时，孙殿英适来保定，闻我在此，自知理亏，遂拨转马头避回防地。

不久，我被蒋介石电召前往南京，报告起义经过。蒋安慰我说：“你这次在通县起义，虽败犹荣，不必懊丧。所有损失，由余饬军政部立即予以补充，以便休整后再投入战斗。”接着又问：“你既捉住殷汝耕，却为什么不杀？”我回答说：“当时本拟将殷逆枭首示众，以平民愤，而昭炯戒。因冀东伪教育训练所副所长刘春台劝阻，说殷逆系何应钦代委员长和黄郛委员长的亲信，派他到冀东担任蓟密专员，一定衔有中央密旨，我们似不宜擅杀，最好押送北平交宋哲元委员长，转解中央法办较为妥当。因此未及时执行枪决。孰意解至北平城下，竟被日军劫走，殊属憾事。"蒋听罢，未置可否，要我先回旅馆休息，明日可往见何部长，再详商补充办法。次日我往见何应钦，何既置补充事不提，又不许我仍回本队，任我为军政部开封第六补充兵训练处中将处长。1938年，复改派我为第九十一军副军长。我因病恳辞，终未到职。

（张庆余：《冀东保安队通县反正始末记》，载戴守义、秦德纯等：《七七事变：原国民党将领抗日战争亲历记》，中国文史出版社2013年版，第74—77页。）

七七事变后实况 /张克侠

七七事变发生后，党中央发出了《中共中央为日军进攻卢沟桥通电》，要求宋哲元立刻动员全部二十九军开赴前线应战。当时，宋哲元正在山东乐陵老家休养，张樾亭又在南京，守宛平部队的团长吉星文（吉星文后随蒋军逃到金门，在我炮轰金门时被击毙）也在庐山受训，部队仍照平时一样分散驻在各地，这些情况对作战十分不利。因此，在北京的各负责人推举邓哲熙、赵登禹和我乘飞机到保定转往乐陵接宋回来主持大计。

我们到乐陵时，宋已到天津了，我们又坐火车追到天津。宋到天津后，何应钦由庐山打来长途电话，宋不接，让我来接。何应钦告诉我：接到中国驻日本大使电报，日本已颁布全国动员令，侵略已成定局，请宋即回北平准备作战。我向宋报告后，他态度犹豫，我便借此机会，说服宋哲元坚决抗战。我向他说：现在已到民族存亡关头，不战将成千古的民族罪人；战而不胜虽败犹荣。又告诉他：按现在敌我形势，我占优势，可以在敌人增援前抓住战机击败敌人。宋认为我讲的有道理，很兴奋地站起来说："你给我写个作战计划吧！"我连夜拟好了计划，大致与上次给党的计划相同。第二天凌晨，我将计划送去时，宋的态度突然变了。原来天津的汉奸及投降派包围了他。他受到恫吓

中方代表与日方代表谈判解决办法。

和利诱，竟不顾民族大义和我恳切劝告，决定与日寇妥协。他先到日军司令部吊祭病故的日本驻屯军司令，然后乘日本为他准备的专车回北平，继续谈判。

宋哲元连日与日本代表谈判，不再搞军事准备，其原因是，他和他的一些主要将领及部分政府官员深恐战争打下去，冀、察、平、津地盘丢掉，个人的既得利益丧失。日寇恰恰利用宋哲元与他们讨价还价的时机，一方面向关内运兵，一方面吃掉分散在丰台、廊坊的驻军。眼看大好时机丧失，成旅的驻军被葬送，我实在痛心极了。为挽救危势，我感到二十九军军部仍在南苑，处于敌我双方的中间地带，已失去指挥作战的作用。因此再三向宋提出，将军队按作战要求重新部署，把军部移至便于指挥、便于作战的地位。但是，宋哲元深怕引起日本人怀疑我方准备打仗，一直不允许军队调动和军部转移。

7月27日傍晚，日寇逼近南

苑。当时二十九军在南苑的驻军，有三十八师师部及不到一旅人；有骑兵第九师师部和骑兵一团；有特务旅、教导团、参谋训练班等，单位很多，难以统一指挥。宋哲元住在北平城里不到南苑来，副军长佟麟阁根本指挥不动。我多次建议派一有威望的师长来南苑统一指挥，把军部移进城里，宋一直拖延不办。直到27日日军要发动进攻时，宋才匆匆下令军部移进北平城内怀仁堂，命令赵登禹去南苑指挥部队。晚6时许，赵到南苑，我向赵介绍了情况，他召集师、旅、团长开会，发布了口头作战命令，我就随军部进城了。夜间，日寇围攻南苑，由于事先准备不足，未构筑防御工事，仅以营房暂作掩体，加之通讯设备被敌机炸毁，联络中断，指挥失灵，部队之间无法配合作战，一时秩序大乱，纷纷突围。佟麟阁阵亡，赵登禹坐汽车到大红门时，被敌截击阵亡。整个驻南苑部队损失惨重。直到骑九师师长郑大章突围到永定门，城中才知道南苑失陷。

这时，城防部队是冯治安三十七师的一部分，兵力不足，城中人心惶惶。杨秀峰、张申府、张友渔等三位教授奉党的指示来找我，谈到城防空虚，准备发动群众帮助守城。又因为传说我军收复了丰台，他们提出利用这一胜利，召开一个庆祝大会，借此来激发抗战的士气，动员群众参加抗日战争。他们怕城防司令不同意，所以让我去说。这是党的指示，我便答应照办。

28日下午2时，宋哲元召开军政首脑会议讨论撤退问题，宋知道我是力主作战的，所以没通知我参加。我为落实召开庆祝大会一事，到会场向宋报告情况，宋却说什么军队都不能打，老百姓又能何为。他不相信群众力量，表示不同意。我又找城防司令冯治安，他推说会后再谈。我就在休息室呆着等他。结果，会上情况又发生了突然变化。张自忠在会上向宋表示，和谈不成是由于日本人对宋有意见，并说："如果委员长暂时离开北平，大局仍有转圜的希望。”据说宋一听，脸色都变了，立即决定二十九军撤出北平，并马上写条子，委派张自忠代理冀察政务委员会委员长、冀察绥靖公署主任兼北平市市长。把三个职务一起交给了张，当晚即偕同冯治安、秦德纯等带领三十七师撤至保定。

那天散会后，冯治安还骗我说庆祝会可以开，闭口不提当夜撤退的决定。我很快用电话通知了杨秀峰等，要他们积极准备。不料，当我夜里回到怀仁堂时，张自忠用电话把我叫去，告诉我：宋哲元和部队已从西面绕过卢沟桥撤向保定了，要我通知军部及从南苑逃进城内的人员急速出城追部队，明天清晨日军就要进城，来不及走就快换便衣藏起来。我听了这些，犹如晴天霹雳，马上集合在城内的人员说明情况，并立即把这一突变打电话告诉杨秀峰及其他同志。接电话的是刘清扬，我告诉他们庆祝会不能开，人还要躲起来，速作另外打算。面对着降临的民族灾难，眼看着大好河山不战而失，我怒火中烧，忍不住痛哭一场。

宋哲元带着部队撤退时，留下两个旅，一个是阮玄武旅，驻北苑，一个旅守天坛。日本侵略军知道宋哲元撤走，29日进城后，将两个旅缴械。日寇认为瓦解二十九军的目的已经达到，对张自忠采取了置之不理的态度。由老牌汉奸殷汝耕等组织了伪政权。张自忠只得躲进东交民巷，设法逃到天津，乘船去山东。至此，这场抗日战争的序幕，由于蒋介石的不抵抗政策和亲日派的卖国求荣，就这样令人痛心仓促结束了。

（张克侠：《在西北军中从事党的地下工作的经历》，载《文史资料选编》第9辑，北京出版社1981年版，第116—119页。）

不可思议的预告与事件的爆发 /[日]今井武夫

当时日本正处于发生了“二·二六”事件[①]之后不久，政局不太稳定，广田、林这两届内阁都以短命告终。这一年6月4日，那位被国民认为具有新鲜的魅力而寄予希望的青年宰相近卫文磨，经过了一番犹豫之后，终于适应了国内各界的愿望，风头十足地登上了舞台。

① “二·二六”事件，指1936年2月26日，日本法西斯军人在东京发动武装政变事件，旨在建立法西斯军人政府，加紧扩大侵华战争。在法西斯军官率领下，约1400名士兵，曾占领政府重要机关，袭击首相官邸，杀死内大臣斋藤实、藏相高桥是清、陆军教育总监渡边锭太郎等，2月29日政变平息后，继冈田内阁的广田内阁更为反动，标志着日本进一步法西斯化。

入阁的大臣有杉山元陆军大将，米内光政海军大将，外务大臣广田弘毅等等，此外如拓务大臣大谷尊由、农林大臣有马赖宁、文部大臣安井英二以及内阁书记长官风见章等，这些人事安排都是超出一般人预料的、富有特色的新人。

6月26日，在没有任何预告的情况下，大谷光瑞突然来到北平，下榻于靠近前门火车站的六国饭店。

大谷自从辞去了西本愿寺的首脑职务以来，一年之中的大部分时间，都是在满洲、台湾、中国、马来亚、爪哇等地进行周期性的巡回旅行。他对日本的对外发展政策，具有透彻的见解。

可能是由于我过去和他见过面的关系吧，他第二天，即27日上午就邀我去，并撇开了其他的人，进行了两个多小时的畅谈。

当时大谷所谈的是下列这些内容：

“日华两国的关系一年比一年险恶，长年纠缠，不得解决。

“我总希望能有些什么办法来打开这些险恶的局面，现在幸好成立了近卫内阁。

“近卫家，自从上一代的霞山公[①]以来，比任何人都更关心大陆，作为一个关心中国的人来说，那是有深远的来由的：自从文麿当家以后，在他身边又增加了新的大陆问题研究家，他的手下也就有了一个网罗了所谓新旧中国通的智囊团。

“因此，我想，如果日本政府有意要改变日华关系的话，除了现内阁以外，没有其他的办法了。

“这次，我的弟弟尊由入阁担任拓务大臣，我认为这才是实现我的愿望的好机会。

“我这次来到此地旅行，也无非是想对国策有所贡献而已！”

他在说了这一篇开场白之后，就对华北最近的形势征求我的意见。

对此，我先分析了今春以来当地中国人的群众运动的险恶形势，然后说：

“对这种事态放任不管的话，发展下去必然有爆发不幸事件的可能，如果日本真的想避免发生这种情况，那末，对现行的日本对华政策，特别是对在华北过急地提出经济权益的要求，实有重新加以考虑的必要。”

大谷除了重复他的“现在日本想在华北挑起事端是不适宜的，必须设法加以防止，制止爆发意外的战争”这种说法以外，又提出了这样的希望：

“北平武官无论如何要回日本去一次，把刚才提到的那种意见向内阁总理大臣以及所有的阁员讲一讲。因此，我已经派跟随我来的桥本文治从这里直接回国，对促成你回国的事作好准备工

① 即近卫笃麿（1863—1904），长期任贵族院议长，并主持东亚同文会。

作。”大谷就这样立刻离开北平，经由通州和青岛回国。

跟大谷前后差不多的时间，陆军省[1]军事课的高级课员冈本清福[2]中佐也来到北平，他的这一次旅行，似乎是经担心华北会发生事变的（参谋本部）第一部长、（陆军省）军事课长石原莞尔的授意，为了预防发生第二次柳条沟事件，到这里来观察一下血气方刚的日本青年军官的内部情况，并视察一下华北的一般情况的。

我对他讲了我和大谷讲过的同样的意见，并把处于危险状态中的华北情况向他详细地谈了一遍。

冈本在北平、天津等地旅行了大约一个星期之后就回到了东京，并立刻向上级作了和我的意见相反的、极为乐观的报告：“在华北的日本军中，虽然也有一部分人忧虑着会爆发什么事件，但为数极少，整个来讲，没有特别担心的必要。”

原来他的调查和观察，主要只是在于当地的日本军中有没有和满洲事变中像柳条沟那样的阴谋。看来他是听信了天津军参谋以及冀察、冀东两政权的军事顾问们的说明，认为日本军内部并没有什么别有用心的阴谋，结果对日华两国的关系已经接近导火点，对当前那种非常危险的摩擦等现实状态并没有深刻的认识。也就是说，那是因为说明的人所说的和听的人想听的，没有对准口径的缘故。可是，他提出报告之后隔不多久，就爆发了芦沟桥事件。接着他又被任命为天津军参谋而重新来到了现场。他在见到我时立刻就率直地说：“我在上次和你见面时听到你讲了有关现场的危险情况，回国后却作了主观的乐观的报告，可是当前的现实却爆发了芦沟桥事件，这完全是由于我的不明智，真是对你不起。”他就这样承认了自己的错误，采取了诚实的认罪的态度，向我表示了歉意。

这一年的11月我调回东京任职[3]，又会见了大谷光瑞，他对我

① 日本政府机构中的省，相当于部。
② 冈本清福（1894—1945），日本法西斯军人，当时回到东京后，即调任中国驻屯军参谋。
③ 今井武夫被调回日本后，即任参谋本部中国班班长。

说：“我把在北平听到你讲的现场情况报告了杉山陆军大臣，也就是在这同一天，在当地爆发了这一次的事件，所以没有来得及把你召回东京。”

关于冈本对华北形势的观察是否正确，我无意加以批判，只是对于当时东京突然把大谷、冈本两人相继派到华北来进行现场考察，其真意究竟何在，却觉得有加以判明的必要。

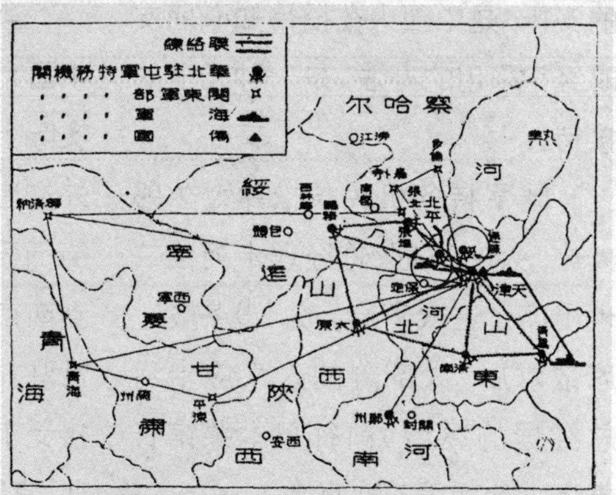

圖七：七七事變前日本在華北特務機關分佈圖。

七七事变前日本华北驻屯军特务机关分布图。

后来听说，那时候，在东京政界的消息灵通人士之间，私下盛传着这样的谣言：“七夕的晚上，华北将重演柳条沟一样的事件。”对此大吃一惊的军部和政府的一部分消息灵通人士，似乎就不约而同地秘密派出了各自的视察人员。

……

1937年7月7日，北平（今北京）的初夏，大陆性的气候已经到了令人难以忍受的酷暑，寒暑表从早晨就一个劲儿地上升，到了晚上，水银柱还是停留在原来已经到达的度数上，不大容易下降。

出身于南满洲铁道公司①的北平市政府顾问栗屋，准备了一席丰盛的中国式酒菜，款待的主宾是已经久未来北平的朋友御厨大尉，他是日本派驻太原的陆军驻在员。

为了避开屋内的酷热，酒席就摆在院子里的草坪上，这种精心

① 南满洲铁道公司简称满铁，日本帝国主义对旧中国进行侵略的殖民机构。1905年日本取得帝俄控制的东清铁路南段（长春到大连）权益和财产后，于次年宣布设立，总公司设于大连。除铁道外，还经营采矿、发电、航运、农场等企业，所辖主要单位有80多个。1931年九一八事变后，霸占中国东北全境铁路。并于北平、上海等地设立事务所，广泛搜集中国军事、政治、经济情报。

的安排，是中国人在招待知心朋友时经常采用的办法，是一种无上的接待。

陆军特务机关长松井太久郎大佐，兴中公司①总经理十河信二也出席了这次宴会。晚上9点敲过席散以后，大部分的人又应十河总经理的邀请，前往日本菜馆长春亭去参加第二次宴会。

在第二次宴会中，我提前退席回家，和来访的客人会谈过后，于12时不到就睡了。但刚一入睡就又被陆军武官室的值班士兵唤醒，接到了北平驻屯部队联队②副官河野又四郎大尉打来的电话。

---

① 兴中公司，日本帝国主义对中国华北地区进行侵略的殖民机构。设立于1935年12月，总公司在北平。三菱、钟纺等均参与投资，实为“满铁”的子公司之一。

② 日本帝国主义以1901年八国联军迫使清政府签订的不平等条约《辛丑条约》为借口，于北京、天津等地驻扎日军，称之为中国驻屯军。后又称驻于北平及其附近的日军为北平驻屯军，驻于天津及其肆意扩展至山海关的铁路沿线的日军为天津驻屯军。卢沟桥事变爆发时，其主力为一个旅团，统辖两个联队。第一联队驻于北平，联队队部设于东交民巷内。其所辖第一大队驻于丰台。

当时我是一个陆军少佐，是驻中国大使馆驻北平陆军助理武官。实际上，所谓助理武官，只是列在外交官名单上的一个名义上的官衔而已。当时，在国民党把首都迁到南京以后，日本大使和武官也都常驻在上海了，北平的武官则是直接受东京陆军参谋总长指挥的。因此，官制上尽管称为助理，实质上却是作为北平武官室主任而独立工作的，一般的称呼就叫北平武官。

陆军武官室的地址在北平的前门，即正阳门外的前门火车站附近，也就是在城内的东交民巷，与日本大使馆和日本军驻屯部队毗邻，附近还有英、美、法、意等各国大使馆。

工作人员除五个日籍职员以外，还有两个由驻屯部队派来的士兵，协助有关电报的收发和翻译等工作，另外还有五个雇佣已久的中国人担任其他杂务工作。

……

联队副官挂来的电话，是卢沟桥日华两军发生冲突的最初的报告。

我听了大吃一惊，匆匆忙忙穿好军装，赶到毗邻的联队本部，这时已是半夜1点钟左右了。

室中央放着一张长方形的大桌子，以联队长牟田口廉也大佐为首的重要军官们，一个个穿着整齐的军装，站在桌子的周围，正在收集从芦沟桥附近的部队发来的情报，他们不断地听取着报告，都是脸色紧张，默默地很少说话。

根据到目前为止收到的情报，经过整理后判明情况大致如下：

7日夜晚，驻扎在丰台的日本军牟田口联队第八中队，在中队长清水节郎大尉的指挥下进行夜间演习。当演习结束正在集合部队时，于晚上10时以后，从芦沟桥北边约1000米永定河左岸龙王庙附近的中国军队发来了实弹射击，最初是几发，接着又是十几发。

部队当即停止演习，查点人员，发现缺少士兵一名，为此一边进行搜索，一边向大队长汇报请示。

当时正在驻屯地丰台营房的第二大队队长一木清直少佐，立即将此情况报告牟田口联队长，并亲自指挥一个中队赶往五里店增援，对非法射击事件向芦沟桥城①内的中国军队提出抗议。

但最初据传下落不明的士兵一名，已在事件的过程中平安归队。

冀察[政务委员会]军事顾问樱井德太郎少佐在得知这一事件之后，立即以电话与第三十七师师长冯治安联系。

冯治安讲明：

"我属下的部队不会派到芦沟桥城外去。如果城外有部队，那一定是土匪。"

樱井又同特务机关辅助官寺平忠辅大尉一起，由冀察第二十九军参谋周思靖少校陪同，驱车前往芦沟桥。

担任该地守卫的中国军队是冀察第三十七师第二百十九团团长吉星文部下的两个连队，指挥官是营长金振中。他起先佯称自己的

① 即宛平县城。

部下没有在龙王庙配置兵力。不管怎么样，看来，中国军的指挥官当时似乎还不了解实际情况。

此外，牟田口联队长派遣的森田彻中佐又同宛平县县长王冷斋、冀察外交委员会专员林耕宇等一起前往现场进行调查。他们在到达现场之前，又得知了这样的情况：一支可能是新从长辛店派往龙王庙的增援部队又向日本军进行了射击。

因此，在凌晨4时许，前线的一木大队长特地给牟田口联队长挂来了电话。当然我不可能直接听到一木在电话中讲话的详细内容，只知道他是来请示："中国军队再一次向我军射击，对此我方是否也应该予以回击？应该怎样处理才好？"

"如果受到敌人的射击，就予以回击！"

联队长以坚定的口气发出了这样的命令。接着他又把嘴避开了话筒，独自嘀咕着：

"受到敌人攻击时应该怎么办？一个军人怎么会提出这样的问题来！"

我在一旁听到来自现场的这一生动的电话问答，当然能够理解指挥官的立场，同时也完全懂得这种指挥权的尊严是不容许侵犯的。

但是，在这种国际环境中，如果日本军开火，事情的是非曲直暂作别论，其结果却必然会引起一连串的连锁反应而发展成为严重的问题，这一点我当然先已察觉到了，因此不禁为当前的现实的严重感到不寒而栗。

果然，在前线的一木大队长似乎也深感事情的严重性，因而又追问一句：

"那么，开枪射击也没有关系吗？"

接着又郑重其事地说：

"既然这样，由于事关重大，请把时间核对一下。"

"早晨四时二十三分。"

就这样，他们对时间也作了核对。

在这样的问答中，我是始终在场的，并确信在电话中讲话的一木少佐那种冷静的态度。后来一木在和我谈起他当时的心情时说：

“那时候联队长向我发出射击的命令，真使我大吃一惊。”

我预见到联队长这个出于不得已的射击命令，实际上就是事态还要发展的代名词，因而立刻给东京的陆军中央拍了电报，同时在半夜里又把各报的新闻记者召集到武官室来，采取了非常的措施。

在勉强只能辨认出面容的晓色朦胧中，天井里放了几条长凳，大家坐在新绿的槐树荫下，听我发表昨夜以来发生的事件的经过情况。

聚集的记者有《朝日新闻》的园田、常安，《每日新闻》的三木、关，《读卖新闻》的村上，共同通讯社[①]的安藤以及其他报纸的记者们，其中也有一部分人对于昨夜以来发生的事件，已经探得了一些消息了。

被这种拂晓时刻的临时集合搞得很紧张的记者们，对于这一事态抱着忧虑的心情，解散后，各自雇了人力车回去。我到武官室院子里去参拜了招魂社，为东洋的和平作了祈祷，这已是早晨5时半左右，天开始淅沥淅沥地下起雨来了。

恰巧就是在这一时刻，西南方响起了大炮声，震撼着云低雨蒙的、昏暗的天空，沉重的轰鸣犹如在给远东抒发着凭吊的哀吟。

也许可以说是天意吧，这时候开始下起的雨，竟变成了几年来所未曾有过的霪雨，最后使华北的旷野浸在洪水之中。

我在把昨夜的事情像走马灯似地一幕幕重新加以冷静的思考时，几天来经验过的一些问题突然又在我脑海里浮现起来了，顿时又引起了我对这些事情的重大关心。

（摘自[日]今井武夫著，翻译组译：《今井武夫回忆录》，上海译文出版社1978年版，第1—8、12—17页。）

① 原文如此。当作同盟通讯社。

谈“通州事件”

/[日]森岛守人

在北京由于没有发生任何不幸事件，而平安无事地过去了。最令人痛心的一件，就是在距北京百余里的通州发生了惨杀日侨事件。

通州是处于日本势力范围之下的冀东防共自治政府的所在地，处于亲日派殷汝耕眼皮底下，因此任何人也没有料到会在这里发生事端，甚至有些人还特意从北京来此避难呢。

冀东的二十二县，根据“塘沽协定”的规定，已成为非武装地区，是不准中国军队驻扎的。尽管如此，我当地驻军却默许宋哲元麾下的一小股部队驻扎该地，肇事的原因即在这里。为了扫荡中国军队而出动的我航空部队，误将一枚炸弹投到冀东防共自治政府属下的、亦即属于我方保安队的头上，保安队贸然断定这是对自己的袭击，于是先下手杀害了日本侨民，这就是事件的真相。所以街头巷尾上的谣传都是无稽的。其实殷汝耕是完全没有责任的，一切责任都在日本陆军身上。

28日，在北京的东方有一股黑烟腾空而起，并不时伴有爆炸声，很容易推测出在通州方面出了什么事。但由于公使馆里的守备队已全部执勤在外，只剩义勇队负责警戒，所以出了什么问题也无可奈何。即使派去有数的警察，也无济于事。但无论如何也有调查一下实情的必要。自从事变发生以来，一般中国人是很少有到大使馆附近来的，正在一筹莫展之际，恰好有一个我在哈尔滨关照过的青年，勇敢地表示他可以化装到通州去。这一青年在中途曾被逃散的败兵撞入河中，在水里潜伏数小时，几经风险，以两天时间往返于通州，终于从其报告中获悉通州惨案的实况。其后，又从曾被通州保安队绑架侥幸逃脱而回到北京的同盟社特派记者安藤处，获得更为详细的情况。

对于我来说，无论是从当地的负责人，或是从遭难者家属立场考虑，也有必要对事件尽快地加以解决。同时考虑到如果使通州事件真相大白，反而会像出兵西伯利亚①时的尼古拉耶夫斯克庙街事件②，牵涉到田中陆相的责任一样，而酿成重大的政治问题。所以，应赶在议会开会之前就地解决，才是上策。因此，在了解了当地驻军各机关的意向之后，省略了向政府请示等一切手续，由我本人全面负责，经过和冀东防共自治政府政务厅长池宗墨（殷汝耕不在期间的负责人）进行会谈的结果，以正式赔礼道歉、发给抚恤金、由冀东防共自治政府无偿地让出日人蒙难地区并负责修建一座慰灵塔三项条件，而在当年内获得了解决。

因为事件是由日本军队蛮横无理的行径引起的，所以以索取抚恤金代替了赔偿损失。有关款

① 1918年（大正七年），日本配合英、美、意各帝国主义干涉俄国革命，扼杀苏维埃政权，出兵西伯利亚，后因干涉失败，于1922年（大正十一年）将其7万多名士兵撤回，共伤亡3500人

② 即"庙街事件"。1920年12月间，在阿穆尔州的日军惨杀当地居民，焚毁村庄，凌辱妇女，抢夺财物。因此，当地游击队在布尔什维克领导下，奋勇反抗，日军被迫撤退，庙街的日军和日本的石田领事一起向游击队投降。日军曾两次杀害游击队的谈判代表。第二年，日军反攻，游击队撤走时也杀死日军俘虏122名。后来在日苏恢复邦交谈判时，日方曾提出"庙街事件"，并要求赔偿，但被苏方拒绝。

项一节，既考虑到按外务省过去计算赔款的办法，即使一名娼妇也要索取几十万元的巨款，同时也考虑到对前线的伤病员，也不过是一次发给两三千元，因而把款额限定在社会惯例可以容许的范围以内。在分配方面，也废除了过去的绝对平均主义，诸如妾与妻同样对待的做法；而采取了对有产业和抚养义务少的人少给一些，对实际需要救济的人则多给一些的措施。为了避免将来发生纠纷，对抚恤金的分配，还是在征得自治政府的意见之后，决定专由驻北京大使馆负责处理的。

唯一使我感到遗憾的是如何能为殷汝耕澄清他是无辜的这一事实，从而使他能重新以公正的身份再次出马。而在关东军的一部分人中间，对他甚至有主张枪毙的，因此对这一问题的处理还需要作周密的考虑。恰好，这时西本愿寺[①]的主持正在为慰问日本官民而在华北巡回说教，我便想趁他访问北京的机会，举办一次殉难者慰灵祭，可以在主办者里，把殷汝耕同日本驻北京大使馆、北京日本侨民会一起安排在内，这样可以使殷汝耕无形之中得以重新出头露面，这是我想出来的一条妙计。对此，虽然得到了华北驻屯军的全面赞同，但后来由于华北驻屯军方面，提醒我要考虑关东军内部强硬派的反对情况，而不得不作罢。

关东军内部的反殷空气的强烈，几乎是难以想象的，就像把我的上述计划和殷的无辜作了如实报道的《东京朝日》[②]的特派记者河野，甚至也遭到宪兵队的严格审查。我在北京任职期间，始终没有机会为殷汝耕澄清是非。翌年4月，当我离开北京的时候，殷对我的好意，还表示衷心感激，并相约今后再会而分手。没想到在昭和二十年（1945年）的12月1日，他以叛国通敌的罪名，在南京被枪决。当大正十四年（1925年），郭松龄倒戈时，殷作为外交部长而活跃

① 按日本的佛教派中的“真宗”本愿寺派称为“西本愿寺”，大谷派称为“东本愿寺”，两寺院均在京都市下丁区。

② 即《朝日新闻》的简称。

于政治舞台上。失败后，他不得不逃亡到辽河畔新民屯我总领事馆避难达数月之久。由于奉天总领事吉田富有人情味的妥善安排，在黑夜里才使他得以逃出东北军的重围。回忆起他亡命我国时的不幸遭遇，不禁有无限感慨。根据从通州政府金库里查到的出纳账簿来看，殷不仅曾对日本方面的志士和吴佩孚，甚至还对他对立的华北冀察政务委员会的一伙人，每月都资助过秘密津贴，仅从这方面就足以看出他的深谋远虑来。在这里附带要说的是据花谷少佐讲：当柳条沟事变发生时，从张学良的金库里，曾发现过一张以赤冢正助名义的支款单据。当时据陆军当局的解释，床次与赤冢是同乡，昭和三年（1928年）年末赤冢曾随同床次一道在满洲旅行等情节考察，那可能是资助给床次的款项。对于它的真伪究竟如何，当然不是我能证实得了的。

（摘自：[日]森岛守人著，赵连泰译：《阴谋·暗杀·军刀——一个外交官的回忆》，黑龙江人民出版社1980年版，第129—133页。）

张克侠"以攻为守"的积极防御计划

1935年，"何梅协定"签订以后，国民党中央军和东北军撤离河北，汉奸白坚武叛乱，宋哲元遂以"北平防务空虚，治安可虑"为由，率二十九军进驻平津。宋哲元身为冀察军政首脑，一面与日军上下周旋，一面利用一切机会迅速扩充二十九军，以备抵挡日军可能发起的进攻。在日军的步步紧逼之下，宋哲元虽然屡屡妥协退让，但也开始谋划抗击日军。

1936年8月，宋哲元派刘子清向共产党表明他的抗日殷情。随后，中共中央派张经武为联络代表，正式与宋哲元建立联系。8月14日，毛泽东亲笔致信宋哲元，赞扬其长城抗战的光荣历史，同时指出日本"着着向先生进逼"，"甚望先生能于艰难困苦之中坚持初志"，"一俟时机成熟，实行发动大规模之抗日战争"，并劝宋哲元早做打算，"惟聚义步骤，必须规划周详，方免贻误"。同时，中共北方局还指示第二十九军副参谋长、中共秘密党员张克侠做宋哲元的工作。

西安事变以后，全国抗日民族统一战线逐步形成。鉴于冀察形势严重，中国共产党对二十九军中上层也积极进行抗日争取工作。当时二十九军中有不少人与北平中共地下党建立了工作联系，如第三十七师旅长何基沣、第二十九军副参谋长张克侠等，均与中共

第二十九军副参谋长兼三十八师参谋长张克侠，曾提出"以攻为守"的作战方案。

建立了密切的工作关系，积极推动二十九军抗击日军。在中国共产党的影响和张克侠的推动下，"以攻为守"的对日作战方案产生了。

张克侠，1900年10月7日生于河北献县，1916年考入北京清河陆军军官预备学校。1921年入保定军官学校第九期，与董振堂、何基沣等同学。1923年毕业于保定军官学校，后加入冯玉祥领导的西北军，在宋哲元的第二十五混成旅任见习军官。1927年春至1928年秋，张克侠在冯玉祥夫人李德全的支持下，赴苏联莫斯科中山大学学习。1929年7月在上海经张存实、李翔梧介绍加入中国共产党，在周恩来直接领导下工作。后遵照党的指示重返西北军，被任命为张自忠的参谋长。1937年七七事变前，张克侠任第二十九军副参谋长。

1937年的宋哲元处于选择两难、进退维谷的地步，一方面是日本人对他施加种种压力，一方面是人民以民族大义促他觉醒。虽然他对抗日并没有决心，但严峻的形势逼迫他不得不做抗日准备。1937年5月间，宋哲元为避开日本的威逼利诱，借故回老家山东乐陵。临行前，宋哲元向秦德纯安排政务，还特别召集幕僚研究对日对策，并要参谋人员提出方案。第二十九军参谋长张樾亭曾经拟定一个对日作战方案，提出"将华北地区从东到西划成几条战线，以当时的主力师分担一线，面向山海关，以阻止敌人进攻"，同时还提出"必要时撤出北平，保存实力，以待全国抗战"。副参谋长张克侠即向中共北方局报告此事，之后，张克侠根据北方局的指示，另向宋哲元提出了一个"以攻为守"的作战方案。该方案的主要内容是："将二十九军十万兵力编成几个集团，根据当时部队驻扎情况，分为天津、北平、察哈尔三个战区，以保定地区作为总预备队集结地区，首先消灭区内日军分散部署的驻屯军，然后，随战况进展，全力向山海关前进，以二十九军十万之众的优势兵力，一举消灭在华北的约两万日军。"

由于张克侠的作战方案原件在二十九军撤离北平时焚毁，具体内容不得而知。但据第二十九军三十七师一一〇旅旅长何基沣回忆，该方案提出："一、日本进占华北，进一步灭亡中国的国策，早已确定，现正大量调集军队，准备向华北进军。我们除了抗战而外，别无他法可以挽救我军之危机，应付只能是暂时的，绝无法满足日军之欲望。二、我们的处境非常危险，日本侵略军进逼，中央（蒋介石国民政府）不管。蒋介石并令关麟徵、黄杰等部集结新乡一带，扼守黄河北岸，意在与日本侵略军夹击，消灭我军。如果我们撤退，将退到哪里去呢？黄河以北既有中央军驻守，不会叫我军退到河南；山西的阎锡山向来闭关自守，也不会让退到山西；绥远的傅作义也是如此。我军如果撤出平津，只有在保定、石家庄平原地区挨打受气，军民怨恨，后援不济，我军将不打自溃，这是最危险不过的。三、我军爱国教育，素不后人，抗日士气，极为高涨。喜峰口之役，痛击日军，被誉为抗战之民族英雄。现平津各界及全国军民，均希望我们能奋起抗战，为国争光，此我军报国立功之良机，绝不可失。为今之计，不妨暂与日军委婉应付，但必须做积极抗战之准备，必要时，以攻为守，一举攻占山海关，缩短防线，扼守待援，号召全国军民奋起抗战，如此必能振奋士气，得到全国人民之同情和支持。中央在全国军民愤激情况之下，绝不敢袖手旁观，不予支援，其加夹击消灭我们之企图，必将不售。在我们发动抗战后，只要能坚持一个时期，最后就是失败了也是我们的胜利。如马占山在东北之抗战，十九路军之淞沪战役，虽败犹荣。在全国人民支援之下，我们还有重整旗鼓之可能，如不此之图，不战而退，必为全国军民所痛骂。将士离心，军心涣散，群情激愤，后援无济，我军此时将退无可退，守无可守，战不能战，和不能和，他人乘我之危，分化瓦解，将何以自存。"

该方案对当时二十九军面临的处境和对日作战利弊进行实事求是的分析，因此得到了宋哲元的肯定。宋哲元还命令张克侠依照这个方案积极做抗战的准备工作。张克侠根据中共组织的指示，提出了一些建议：第一，加强抗日思想教育。当时二十九军在南苑的军官教导团还讲授"四书""五经"一类的课程，张克侠建议在此非常时期，应加强抗日思想教育和国际时事教育。后来，经宋哲元同意，聘请张友渔（中共地下党员）和温健公（进步教授）担任教导团教官。他们的讲课，受到学员的热烈欢迎。教导团内还有冯洪国、朱军（中共地下党员）等做组织工作，所以当时南苑的抗日空气极为浓厚。此外，中共组织还发动了一批进步的大学生（包括共产党员和党领导的民先队员）参加了在西苑举办的军事集训。大学生军事集训由何基沣负责。何基沣对学生讲话时表示抗战决心，有时讲得声泪俱下，全体学生抗战情绪极为高涨。第二，加强情报工作。当时宋部对敌情了解很少，张克侠建议成立情报处，深入敌后，到东北、热河等地了解敌人兵力的部署及其动向。经宋哲元同意后，即派靖任秋（中共地下党员）任情报处长，积极进行情报人员的派遣工作。第三，争取伪军反正。当时辽西、冀东、热河及察、绥等地，有不少伪军到处活动，有的还想乘机反正，应派人联系，积极争取。此项建议，亦得到宋哲元的同意。

中共北平地下组织争取二十九军积极抗战的活动，除了通过二十九军内部人员直接地影响二十九军上层人物的抗战情绪外，并且发动和组织广大群众掀起轰轰烈烈的抗日救亡运动的高潮，当时在中共领导下的中华民族解放先锋队、北平学生救国联合会、华北各界救国联合会、东北各界救国联合会等团体，时常利用一切可以利用的时机，展开抗日救亡的宣传鼓动工作。他们高呼"拥护二十九军保卫华北"的口号，对二十九军表示大力的支持。他们还经常乘着二十九军部队演习的机会（当时日军驻东交民巷的部队经常出城进行示威性的演习，二十九军部队亦不示弱，就在日兵演习的第二天在原地演习），派代表前往慰问，并讲述抗日的重要意义。这些爱国青年的热情，更加激发了二十九军官兵的抗日情绪。

日本所谓的"扩大派"与"不扩大派"的争执

卢沟桥事变爆发之际，对日本国内统治集团来说，并不存在是否进行战争的选择问题。但是在怎样展开作战行动，怎样确定战争的规模和范围等方面，却有过诸多设想。其中最有代表性的，就是军部决策集团中的"扩大派"与"不扩大派"。

所谓扩大派，通常以陆相杉山元、陆军次官梅津美治郎、朝鲜军司令官小矶国昭、参谋部作战课长武藤章等为代表。他们轻视中国的抵抗能力，认为："中国只是一个社会而不是一个国家"，只要给予中国"一击"，就会迫使中国屈服。

所谓不扩大派，就是以参谋部作战部长石原莞尔等为代表人物，主张控制事变的升级和扩大，将战争的目标和范围限制在平、津一带，方式是渐进，酌情增兵。其基本方针是："目前我国应专心完成满洲国的建设，完成对苏军备，以此而安定国防。不要把手伸向中国弄得支离破碎"。

不扩大派在卢沟桥事变前后登场，与当时的中国时局的变化发展有着密切关系。自1931年九一八事变开始，日本武装入侵中国大陆，侵占了东北地区。又于1933年出兵热河，兵逼平津。其后，日本推行所谓华北五省自治运动，炮制"冀东防共自治政府"，筹划建立"华北国"，力图鲸吞华北和内蒙，并将其与东北连结成片。

日本吞并华北的计划，遭到中国人民和当地驻军的反击，未能完全得逞。特别是在1936年日本策划的“绥远事变”中，中国军队多次击败日军所支持的伪蒙军，收复了白灵庙等要地，取得了九一八事变以来军事上的第一次反击胜利。1936年底西安事变和平解决，推动了全国抗日民族统一战线的形成，使日本侵略者感到十分惊恐。日本军部法西斯主义决定扩大使用武力，寻找借口用战争手段来迫使中国就范。但同时，这种形势对日本另一些人来说又是一种新的教训。

1936年底，石原作为参谋部作战部战争指导科科长，到华北视察。他对于中国的反对内战、团结抗日的热烈气氛感到吃惊，深感此时的中国已不是九一八事变时期的中国。他提出一种设想是：中国政府承认“满洲国”，日本则为此作出“让步”，撤回租借地等在华权益。他想通过这种方案来改变日中关系，实现他所提出的“政治独立、国防合作、经济一体，文化沟通”的东亚联盟的纲领，并对日本的《帝国外交方针》等提出修订意见，要求部分调整政策，暂时停止分离华北的计划，要承认中国对冀察地区拥有主权。

七七事变的消息传到日本关东军，法西斯分子欣喜若狂。7月8日清晨，关东军司令部召开紧急会议，一致认为“目前北方是安全的，所以乘此时机应对冀察给予一击”。会议决定：“独立混成第一、第十一旅团主力及空军部队一部做好立即出动准备”，随时听令开赴华北作战。当天18时许，关东军发表声明表示自己对卢沟桥事件“保持极大关心和坚定决心，严重注视着事件的发展”①。与此同时，关东军还派高级参谋田中隆吉和辻政信到华北陈述强硬意见，要求两军联合向日本国内提出意见。辻政信还跑到卢沟桥战场，

① [日]日本防卫厅防卫研究所战史室著，田琪之译，宋绍柏校：《中国事变陆军作战史》第一卷第一分册，中华书局1979年版，第136页。

煽动牟田口说："关东军支持你们，彻底地扩大下去吧。"[①]

朝鲜军司令官小矶国昭获悉卢沟桥事变，立即向参谋本部报告："已以第二十师团的一部做好随时出动的准备"，并强调应该"利用这一事件推行治理中国的雄图"[②]。

8日深夜，陆相杉山元下令：京都以西各师团，原定应于7月10日复员的步兵联队两年兵延期复员。因此，日本陆军相当于增加了四万人。同时，海军中央部下令进入警备状态，以备对华紧急出兵。

9日，陆军省决定派兵方针。早上8时50分，杉山元便在临时内阁会议上正式提出派兵方案。他表示："要继续交涉。但目前中国军队的真意不明，而且自事件发生以来不法射击不断，是一种无信不逊的态度。尤其是从第二十九军的兵力和抗日态度来看，不如在此时派出适当的兵力，亦即从国内抽调三个师团派遣到现地"。其他内阁成员认为："从国内派兵时机不到"。恰好此时，得知中日双方于9日凌晨，达成了三项口头协议。因此，杉山元陆相的派兵案被暂时搁置起来了。

随后，上午11时，日本内阁首相、外相、陆相、海相召开会议决定了所谓"不扩大"方针，提出"日本政府的解决方针是：中国军队撤退，处罚事件负责人，中国方面进行道歉，以及今后的保证"。明明日军挑起卢沟桥事变，却强迫中国方面赔礼道歉；中国方面不得已进行自卫还击，却无理要求惩处所谓"肇事者"；明明在中国土地上，却要求中国二十九军撤出。日本侵略者有意提出这些刁难的条件，无非是为扩大事态寻找借口。这就是日本内阁的所谓"不扩大"方针的实质。

不扩大派的主张曾在一定程度上影响了日本统治集团的抉择。扩大派和不扩大派吵吵嚷嚷，

① [日]寺平忠辅：《卢沟桥的枪声》，《日本帝国主义对外侵略史料选编》，上海人民出版社1975年版，第239页。

② [日]日本防卫厅防卫研究所战史室著，田琪之译，宋绍柏校：《中国事变陆军作战史》第一卷第一分册，中华书局1979年版，第136—137页。

煞有介事。而战争的全面升级，既是扩大派的主张，又有不扩张派的协调和配合，两者负有同样的不可洗刷的历史罪责。但是，不扩大派的主张并未得到日本统治集团的重视。

7月11日，日本政府发表《关于向华北派兵的政府声明》，按照扩大派的战略意图加快了全面战争步伐。石原此时担任参谋部第一（作战）部部长，因为参谋部总长是皇族军人载仁亲王，次长今井清和第二（情报）部部长渡久雄等卧病，石原在实际上控制着参谋部的决策权力。石原是制造九一八事变的首魁之一，入侵华北成功给他带来了巨大声望，而参谋部本身就是战前日本执掌军令大权的主要机构，这些因素，都使石原在派兵问题上"具有巨大的影响力"。但他并没有运用这种影响力来阻止扩大派的派兵作战方案。参谋部战争指导课课长河边虎四郎曾力谏石原坚持不扩大，被他拒绝。他迅速坚决地支持派兵作战。在7月11日日本发表声明到7月底攻占平津之间的动员和准备过程中，石原也并未真正阻止事态的扩大。在战争全面升级之后，石原离开了作战部长这一要害职位，转任关东军副参谋长，其后再被东条英机等人排斥转任国内闲职，并终于在1941年退出现役，离开了军界，其著作《战争史大观》等亦被禁止发行。以石原为首的不扩大派被排挤，就是侵华战争中的策略派、渐进派的挫败，它加速了日本大陆政策的膨胀和崩溃的过程。

归纳起来，以石原为代表的不扩大派的目标是：第一，以建立由日本控制的"日、满、华体制"为最高政略。第二，避免在中国"抵抗意志高涨"的情况下陷入对华作战的"持久战争"。第三，为准备对苏、对美作战的"决战战争"而尽量避免扩大作战面。一句话，就是要"消化东北、觊觎华北"。就是要充分运用日本的有限国力，综合政治、经济、外交力量而实现日本的国家战略的目标。因此，石原的战略构想在进行侵略和要求战争的大方向上，与日本军部法西斯的大陆政策是完全一致的，只不过在手法上更带有策略性和欺骗性，成了与急进的扩大派对比甚为鲜明的策略派、渐进派。

如果按不扩大派的计划实行，中国人民的抗日斗争可能会走更为曲折的道路。当然，日本对大陆邻国的侵略，是日本军国主义的既定国策。战争的恶魔一旦从瓶内逃出来，要想让它实施有限侵略，是不可能的。石原等人企图在不扩大的幌子之下，消化业已到手的侵略果实，在未消化之前暂不作新的战争升级，这是狂热急进的日本军国主义分子所不愿接受的。另一方面，中国人民除非取得彻底的反侵略胜利，不会中止自己的战斗，不会容忍石原等人的有限侵略。正因此，石原等不扩大派在日本的侵略战争大规模升级的关头，与急进的扩大派发生分歧冲撞，并最终被杀红了眼的军部法西斯政权所抛弃。

二十九军撤离与张自忠善后

1937年7月28日下午，南苑激战的枪声渐渐稀疏，宋哲元在铁狮子胡同进德社商讨南苑战事，参加会议的有二十九军副军长秦德纯、二十九军参谋长张维藩、三十七师师长冯治安、三十八师师长张自忠等。

正在讨论间，骑兵师师长郑大章一身狼狈跑进来，惊慌失色地说：佟麟阁副军长、赵登禹师长阵亡，官兵伤亡特重，所属骑兵师伤亡一半，另一半退往固安，日军大有围攻北平之势。闻听半日战斗我即失去两名将军，大家一时不知所措，宋哲元更是捶胸顿足，失声大哭，说："断我左臂矣，此仇不共戴天！"

宋哲元随即同大家商量此后的行动方针，北平是千年古都，一旦战火蔓延于城内，那么城内文物古迹必将遭毁灭。不管胜败如何，二十九军也难承担起毁灭中华文物的责任，因此应该力避在城内与敌军发生战斗。最后决定了两个方案供选择：（一）留四个团防守北平，由秦德纯负责指挥。（二）留张自忠师长率所部在平津与日人周旋，宋哲元、秦德纯同冯治安到永定河南岸布防。正在研究采取何种方案时，适逢蒋介石来电，命宋哲元移驻保定，坐镇指挥。[①]如此一来，便好办了。宋哲元

① 秦德纯：《七七卢沟桥事变经过》，《七七事变：原国民党将领抗日战争亲历记》，中国文史出版社2013年版，第19页。

决定交平津防务、政务由张自忠负责，遂任命张自忠代理冀察政务委员会委员长、北平绥靖主任兼北平市长等职，负责平津间全权事务。

宋哲元率秦德纯、冯治安等于当晚9点出北平西直门，经三家店至长辛店，乘火车转赴保定。

7月28日下午至深夜，从南苑战场上退下的官兵陆续涌进了北平城。到了晚上北平城门已关上，半夜到达的士兵，守卫不给开城门，用绳索把士兵们逐一吊上城内。市区内已经撤去警戒，虽然二十九军打了败仗，但是老百姓们并不怨他们，马路两侧还摆着西瓜、酸梅汤、馒头等食品，慰劳又饥又渴的将士。有的学生主动给士兵带路，有的市民还脱帽向他们致敬。[①]至半夜12时，南苑退下来的官兵集中到中南海怀仁堂，此时中南海里一片凌乱，军装、枪支胡乱地扔在树荫花丛中。

二十九军副参谋长张克侠集合部队宣布，部队撤往保定，平津两市由张自忠代理。凌晨2点，张克侠带领部队从西直门出发，经门头沟，至良乡、高碑店到保定集中。[②]

7月29日，撤离北平的第二天，宋哲元为说明撤离原由致电各军政部门："哲元奉令移保，所有北平军政事宜统由张师长自忠负责处理。特电奉闻。"[③]在宋哲元离平后，第二十九军驻平的其他部队及保安部队，均陆续经门头沟向南撤退，驻在宛平至八宝山一线的何基沣旅，在掩护各部撤退完毕后，于29日晚间撤退到长辛店。宋哲元撤离时，留下了一三二师二十七旅和独立三十九旅驻守北平应对。二十九军主力部队撤走以后，单靠两个旅的力量防守北平城显然是不可能的，部队何去何从成为大问题。7月29日，日本顾问中岛游说二十七旅，要把二十七

① 孙家骥：《南苑战斗》，《七七事变：原国民党将领抗日战争亲历记》，中国文史出版社2013年版，第70页。

② 张克侠：《"七七事变"后实况》，载《北京文史资料选辑》第15辑。

③ 秦孝仪主编：《卢沟桥事变史料》上册，台北"中央文物供应处"1986年版，第233页。

旅改编为伪北平治安维持会下的保安队。在旃坛寺二十七旅驻地，官兵们怒斥中岛的劝降，大吼：“我们是中华民国不愿当亡国奴的”。中岛只好灰溜溜地走了。8月1日晚，二十七旅从安定门突围，冲出北平，途中旅长石振纲失踪，由六七九团团长刘汝珍继任旅长，率部向西北撤离。在北平城外遭到日军的围追堵截，在清河、清边口等地与敌血战，全旅在突围中伤亡、失踪1200余人，最后抵达察哈尔和刘汝明的一四三师汇合，刘汝珍后被宋哲元正式任命为二十七旅旅长。驻守北苑的独立三十九旅旅长阮玄武是个胆小如鼠的人。7月30日，他派参谋长张禄卿为代表，向日本特务今井武夫表示，三十九旅决无对日军不友好的举动，主动要求编为保安队。7月31日下午，三十九旅6000名士兵将步枪5000支，轻机关枪200挺，山炮迫击炮8门上缴给了日军。

留守北平的张自忠，忍辱负重，与日军和汉奸周旋。7月29日下午，张自忠到冀察政务委员会和北平市政府就职，并召开会议，研究北平的治安、金融和粮食问题。同时发动北平民众将平津作战中负伤者安排治疗，安葬阵亡将士，并派员救济安置二十九军官兵家属。

7月30日，张自忠接到宋哲元从保定打来的电话，要求张自忠继续与日军周旋，以迟滞日军的行动，确保北平古都完整。8月3日，张自忠以“离职不在北平者太多”为由，将秦德纯等八位冀察政务委员会委员开缺。8月4日，任命张允荣等八人为新的冀察政务委员会委员。但是日本特务于7月30日网罗一批汉奸成立了伪北平市地方维持委员会，掌管了北平财务、行政大权，张自忠不愿与其同流合污，没法行使职权。8月5日，张自治致函冀察政务委员会，声明“辞去代理职务”，随后秘密住进了东交民巷东口的德国医院（即今北京医院）。8月6日，张自忠将所有代理职务全部辞去，就这样张自忠在北平城内前后共维持了八天。

1937年8月8日，日本侵略军的铁蹄踏入北平城，其马队正通过前门大街。

8月8日，日军进入北平城内。为了避免被日本人发现，张自忠派副官廖保贞与美国人福开森联络，经福开森帮助，张自忠化装成学者，住进了东城区礼士胡同福开森的家中。福开森是近代中美文化交流中的重要人物。他1886年来华，先后参与创办了金陵大学、南洋公学，1908年到北京任邮传部顾问，曾出任华洋义赈会会长，与民国政要名流多有交往。不久，张自忠旧部联合写了一封信，派副官周保衡秘密带进了北平城，要求张自忠早日南下，率部抗日。张自忠当即回信："学校既已开学，岂有不前往上课之理。"①在福开森的帮助下，张自忠于9月3日乘坐美国商人甘先生的汽车悄悄出了北平城，一路畅通来到了天津英租界赵子青家。张自忠简单地把天津家中的事务安排了一下，9月10日拂晓，乘英国驳轮到塘沽，再换乘英商轮"海口号"离开华北到达济南。

9月上旬，张自忠抵达济南后，曾致电在泰山休养的宋哲元报告留平情况。宋接电后，立即派秦德纯等人前往济南迎接。张自忠留守北平后，一时间谣言纷纷，"汉奸"、"逼宫"等罪名加诸于张自忠身上。国民政府也于10月8日宣布撤职查办张自忠，张自忠陷入了舆论漩涡中。张自忠在济南期间，经宋哲元向蒋介石汇报其留平事实，澄清了外间的传闻。电文如下："张自忠抵济，曾经电陈，谅蒙钧览。张自忠此次转道南来，外间对

① 《文史资料选辑》第54辑，第58页。

之多抱怀疑态度，兹特令其晋京觐谒钧前，面陈经过，职对其平日之为人，知之甚切，决不至如外间之所传，以负国家数十年培养之厚也。”

在所附张自忠的报告中，张也自陈：

“窃自忠于七月二十八日奉宋委员长命令留守北平，代理冀察军政事宜，奉命之下，诚恐材具弗胜，一再坚辞，经宋委员长责以大义，不得已泣涕受命，允为维持十日，由宋委员长自保率队来平接应，以解北平危急。自宋委员长离平赴保后，职一面令驻城内石（振纲）旅确保北平秩序，阻止日军入城；一面派员与宋委员长妥取联络，并电令在津李副师长文田督率所部，努力杀敌，并告诫官兵勿忘为中国国民，不必以交通梗阻为虑。嗣以平保连系断绝，而日军大部逼迫城郊，职当令石旅突围赴察，职亦率手枪队出城。不意石旅甫出得胜门，敌人预设伏兵，三面袭击，以致石旅长与其部队失却联络，职亦中途折回城内。从此职困处孤城，一日数迁，居住被日人查封，形同囚虏，屡次冒险出城，均未办到。迟至九月三日，职不得已化装只身离平赴津，在途三日，始抵天津，寓于美籍友人家中，至十日乘英商海口船赴烟台转济南来京。此经过之大概情形也。”①

张自忠到南京后，蒋介石两次召见他，还说，等你身体恢复，我决定令你重回部队，让你再有机会报效国家，并且到前方看看你的长官、同僚及部下。不久，国民政府任命张自忠为第五十九军军长。张自忠将军忍辱负重，在战场上率部与日军展开了殊死较量，1940年5月16日，在随枣战役中，张将军被日军包围，最后力战而死。国民政府为他举行了隆重的国葬，追认他为陆军上将。

① 李惠兰、王勇、明道广：《七七事变探秘》，中共中央党校出版社2013年版，第274页。

北平沦陷前的最后一击

——"冀东保安队"起义

"冀东保安队"是1935年日本侵略者策动华北事变后冀东伪政权建立的一支特别武装力量。北平沦陷前夕，冀东保安队在北平东郊通州起义，即日方所谓的"通州事件"。事件虽已过去70多年，但至今日本右翼军国主义分子等极少数人仍罔顾事实，颠倒黑白，为侵略张目。梳理这段史实，有助于还原历史，认清本质，以正视听。

一、"冀东保安队"渊源

1933年5月，日本借中国军队长城抗战失利之机，以武力迫使南京国民政府签订《塘沽协定》。由此，包括通州在内的冀东成为"非武装区"，中国军队不得驻扎，华北门户洞开。

当时，日本关东军派奉天特务机关长土肥原贤二到华北，推动"华北自治"。土肥原一方面策动香河、张北、河北等事件，制造"民众要求自治"的社会舆论；另一方面加紧笼络殷汝耕等国民党华北地方实力派人物，培植亲日政权。1935年11月24日，冀东滦（县）榆（关）、蓟（县）密（云）两行政区督察专员殷汝耕发表冀东22县"自治"宣言，声称"脱离中央，宣布自治，举联省之先声，以谋东洋之和平"[①]。11月25日，成立"冀东防共自治委员会"，12月25日改组为"冀

① [日]《冀东综览》，东京松堂书店1936年9月，第7—12页。

东防共自治政府”，伪政府机关设于通州。

“冀东防共自治政府”是继伪满洲国后日本扶植的又一个傀儡政权。日本侵略者在冀东伪政权各厅、处、所、保安队及各县都安插日本顾问和特务[①]，每个机关少则三五人，多则七八十人，实际操控军事、行政、财政等大权。

“冀东保安队”前身是河北省特种警察部队。冀东在《塘沽协定》后被划为“非武装区”，中国不得驻军，只能由警察维持治安。为此，1933年夏，蒋介石密令河北省主席于学忠以省政府名义建立特种警察部队，开赴冀东，警卫地方。特种警察部队由以下几个部分组成：一是于学忠抽调原东北军五十一军张庆余、张砚田两位团长和部分官兵，组成第一、第二总队，张庆余、张砚田分别任总队长；二是河北省政府收编汉奸李际春由伪满带到冀东的刘佐周、赵雷两部伪军，分编为第三、第四总队；三是收编冀东土匪胡协五（绰号老耗子）为第五总队。第一、第二总队各辖2个区队，每一区队辖3个大队。其他三个总队均无区队，总队长直辖大队，第三、第四总队各有6个大队，第五总队只有2个大队[②]。1935年7月，商震接任于学忠，河北省特种警察部队改称河北保安队。12月“冀东防共自治政府”成立后，又改称“冀东防共自治政府军”。1936年8月，“冀东防共自治政府”将冀东伪军改编为4个保安总队，另编1个教导总队。各总队人数相等，下置区队、大队、中队，设迫击炮、骑警、通讯3个特种兵中队。此外，设立训练所，对各总队长官统一训练、统一装备，从中将（总队长）到马夫分38个等级[③]。

① 《严宽陈日方对伪冀东推荐大批日顾问之铣电》（1936年2月16日），秦孝仪：《中华民国重要史料初编——对日抗战时期》第六编，中国国民党中央委员会党史委员会1980年版，第201页。

② 张炳如：《冀东保安队琐闻》，戴守义、秦德纯等：《七七事变：原国民党将领抗日战争亲历记》，中国文史出版社2013年版，第78—79页。

③ 南开大学历史系、唐山市档案馆编：《冀东日伪政权》，档案出版社1992年版，第141—144页。

七七事变前，保安队几经调整编制基本固定，总数约1.2万—1.5万人。第一总队，总队长张庆余，3000余人，分驻宝坻、香河、通县附近及昌平、怀柔、顺义一带。第二总队，总队长张砚田，3000余人，分驻三河、玉田、蓟县、遵化一带。第三总队，总队长李允升（刘佐周被刺身亡），2500人，分驻昌黎、滦县、临榆、抚宁、卢龙、迁安、乐亭一带。第四总队，总队长韩则信（赵雷被撤职），约3000人，分驻塘沽、北塘、宁河、开平、唐山、古治一带①。教导总队，总队长暂由殷汝耕兼任，驻开平镇马家沟一带。

二、起义原因

日军侵占冀东和殷汝耕叛国，遭到全中国人民反对，身处殖民统治之下的冀东人民更是义愤填膺，反抗不断。"冀东保安队"与侵华日军、伪政权的矛盾早已埋下并日益升级，最终在民族大义和矛盾激化促使下发动起义。

① 《一九三六年保安队及驻防》，《冀东纪念专刊》，1936年11月。

（一）保安队与日军矛盾日益激化

保安队第一、第二总队大部分来自原东北军，背负国仇家恨，与日军矛盾由来已久。伪冀东政权成立初期，日军一方面企图用金钱物品收买军心，另一方面又不信任保安队，还派日本顾问予以监视。双方矛盾日益激化，保安队哗变事件时有发生。据《昌黎县史》载，"1936年9月6日，驻昌黎北郊的李海天部100余名官兵反正；11月20日，驻昌黎的韩则信部400余人哗变；继之，李海天部又有200多人起义，占领邮电局，控制昌黎县城。"通州城内，日本特务、"浪人"等横行。有的保安队士兵为维护民族尊严，经常与日本人发生冲突。

1937年6月上旬某日，一辆日军汽车司机酒后开车，横冲直撞，在日军守备队门前轧死保安第一总队一名巡逻兵。巡逻队愤怒之下打了日本司机，日本守备队门卫班见状冲出十几个日军，不分青红皂白将巡逻队缴枪，抓进守备队毒打。张庆余闻讯非常气愤，集合队伍，分乘10多辆汽车前往守备队讨要说法，要求放人。日本守备队勉强放人，但把轧死保安队士兵一事歪曲为“巡逻队无故拦截日军汽车造成”，对保安队大加训斥，激起张庆余和保安队官兵对日军的不满和仇视。这一事件进一步加剧了保安队与日军的矛盾①。

（二）保安队与以殷汝耕为首的冀东伪政权貌合神离

冀东保安队虽隶属“冀东防共自治政府”，但成分非常复杂，不甘附逆于殷汝耕为首的“冀东防共自治政府”。冀东伪政权成立之初，张庆余曾密派亲信副官长孟润生赴保定向商震请示应对之策，商震嘱其目前不宜与殷汝耕决裂，暂时虚与委蛇。

殷汝耕对张庆余、张砚田等人亦早有戒心。张庆余、张砚田曾与教导总队长沈维干（原属张庆余部下）密谋设立一个与殷汝耕并驾齐驱的军务长官，以便掌握更多军权。后来此计被殷汝耕知晓，但因张庆余等掌握军权，殷未敢采取非常措施，反托人从中疏解，并多次宴请张庆余，企图拉他上钩。张庆余、张砚田表面上服从，但内心蔑视殷汝耕，私下四处活动，积蓄力量，以待时机。

（三）卢沟桥事变为起义创造时机

早在1936年初，通过国民军宿将、河北省哥老会首领之一张树声斡旋，张庆余、张砚田曾赴天津与冀察政务委员会委员长宋哲元秘密接触。宋哲元对二人爱国和抗日态度表示欢迎，希望他们坚定立场，强化军队训练，做好准备工作，并赠予每人一万元经费。

卢沟桥事变爆发，张庆余派心腹刘春台密往北平面见河北省主席冯治安请示机宜。冯治安请他于中日开战时一面出其不意在通州起义，一面分兵侧击丰台，起

① 赵竞存：《最早的华北日伪政权——“冀东防共自治政府”——为纪念抗日战争胜利50周年而作》，《冀东学刊》1995年第3期。

到夹击效果。刘春台与二十九军参谋长张樾亭取得联系，张樾亭将张庆余、张砚田所部编入二十九军战斗序列，随时准备策应二十九军起义。

七七事变前，日军驻守在通州城的守备队是日本侵略华北的重要兵力之一。

与此同时，为预防二十九军进攻通州，日军特务机关长细木繁召集张庆余和张砚田召开军事会议，商讨防守事宜。张庆余建议将散驻各处的保安队集中通州待命，增强力量，可攻可守。细木繁采纳他的建议，同时将分散在各地的日侨集中通州便于保护。张庆余和张砚田则分别调回散驻各处的部队，暗中部署起义。

（四）日军轰炸保安队成为起义导火索

当时通州武装部队有：日本警备队、特务机关宪兵队，分驻西仓、东仓和西塔胡同；保安队第一总队、教导总队，分驻老四营等地；城外有中国军队二十九军独立第三十九旅第二团第一营，分驻新城南门外的三义庙、宝通寺、王恕园和城东南发电厂。二十九军驻地与日、伪军驻地只相隔一堵城墙、一座水桥，双方相互戒备，摩擦不断。

1937年7月27日凌晨，驻通州日军突然向二十九军发动攻击，二十九军官兵奋力反击。由于二十九军提前布防，加之部署在通州旧城南门的保安队并未截击二十九军，只是对空鸣枪放炮虚张声势，二十九军得以安全撤离。日军对保安队甚为不满。

当日9时，日军12架飞机轰炸旧城南门外保安队教导总队营地，保安队10余人伤亡，房屋被炸毁。事后，日本外交官认定“此事责任都在日本陆军身上”[①]。日军特务机关长细木繁和保安队日本顾问渡边称这次轰炸是“误会”，以道歉了事。日军轰炸事件，激起保安队奋起自救自卫，成为保安队起义的导火索。

三、起义经过

1937年7月27日，通州日军警备队主力萱岛部队与小山炮兵部队奉命向北平南苑进发[②]，通州城内兵力相对空虚。7月28日，日军大举进犯南苑，并派飞机轰炸北平。张庆余认为战机已近，不容坐失，遂与张砚田、沈维干密议当夜起义。起义队伍包括第一、第二总队的部分和教导总队，约4000余人[③]。

第一阶段：起义军进攻西仓日本兵营，攻占冀东伪政府和日本驻通州特务机关

张庆余对起义部署如下：第一总队兵分三路，分别攻打西仓日本警备队、日伪机关和日本浪人开设的烟馆、赌场、妓院等。第二总队把守城关各路口、邮电局、各机关；教导总队负责解决车站日本警备班和警戒增援之敌。29日拂晓以进攻日本兵营的枪声为起义信号[④]。

第一总队第二路起义部队主攻西仓兵营。此时，西仓兵营有日军通州警备队、山田机动车部队、宪兵分遣队、兵站司令部以及军兵器部、野战仓库等兵力及非战斗人员120人[⑤]，保安队起义前还

① [日]森岛守人著、赵连泰译：《阴谋·暗杀·军刀——一个外交官的回忆》，黑龙江人民出版社1980年版，第129—133页。

② [日]《通州兵站司令部有关通州战斗详情的报告》，1936年7月，日本国立公文书馆藏档案。

③ [日]《通州兵站司令部有关通州战斗详情的报告》，1936年7月，日本国立公文书馆藏档案。

④ 孙自凯：《“冀东防共自治政府”与通州起义》，《通州文史资料》1985年8月，第20页。

⑤ [日]《通州兵站司令部有关通州战斗详情的报告》，1937年7月，日本国立公文书馆藏档案。

聚集了一批宪兵、特警和日侨，共约500人[①]。7月29日凌晨3时左右，进攻西仓兵营的枪声响起[②]。起义军虽只装备野炮四门、迫击炮数门、重机枪数挺，但人数占绝对优势，分别从东、南、西北三个方向同时发起进攻。日军装备精良，工事坚固，死守抵抗，战斗迟迟未能结束。起义部队增加火力支援，双方激战达6小时以上，仍未攻下，保安队战死200多人。张庆余恐再拖下去日军援兵开到，届时形成内外夹击，对起义军形势不利，于上午11时左右下令炮击，起义军逐渐占据优势。炮弹击中日方载有补给军火的机动车队，17辆汽车全部被烧，车上军火自爆，子弹炮弹四散横飞。随后，日军兵营附近的汽车燃料库也被击中，一时间大火熊熊燃烧，黑烟冲天，日军阵脚大乱[③]。保安队步兵在炮火掩护下乘势攻击，日军除一部分逃亡外，顽抗者均被歼灭[④]。

起义信号响起后，另一路起义军立即封锁通州城门，断绝市内交通，占领电信局及无线电台，包围冀东伪政府长官公署及其他重要机关。第一路起义军一部迅速占领了伪政府，汉奸殷汝耕随即被捕，被带到北关吕祖祠。起义军要求他反正抗日，殷汝耕迟疑不决，被监禁在祠内。

第三路保安队前往进攻西仓日本特务机关。细木繁公馆距伪署仅一巷之隔，细木繁听闻枪声四起，料定情况有变，便率数十名特务对抗。起义部队迅即攻占特务机关，细木繁被乱枪击毙，日本

① [日]《内务官房总务课第七十一回议会就通州事件的说明资料》，1937年8月2日，日本国立公文书馆藏档案。

② [日]《通州兵站司令部有关通州战斗详情的报告》，1936年7月，日本国立公文书馆藏档案。

③ [日]《通州兵站司令部有关通州战斗详情的报告》，1936年7月，日本国立公文书馆藏档案。

④ 张庆余：《冀东保安队通州反正始末记》，戴守义、秦德纯等：《七七事变：原国民党将领抗日战争亲历记》，中国文史出版社2013年版，第75页。

特务机关人员全部被歼[①]。

第二阶段：日军派兵增援，起义军被迫撤离通州

遭日军炮火袭击的通县潞河中学。

7月29日下午，日军中国驻屯军司令官命令临时航空兵团轰炸起义部队，十余架次轰炸机赶来对通州进行编队轰炸[②]。同时，丰台中国驻屯步兵旅团长奉命以中国驻屯步兵第二联队主力前去救援（30日晨到达）[③]。

司令部还向通州日军下达夜间防御命令，要求各部队做好准备。下午5时30分，各分队长集合。鉴于当时起义部队仍在兵营东、南、北围墙处，主力集结于总队本部和冀东伪政府附近，辻村部队[④]命令：必须彻夜严守各兵营、仓库；通州警备队担任直接守卫兵营任务，负责派哨兵监视，打探敌情；山田部队负责指挥宪兵兵器部、病马收容班，严守存放粮草和兵器的各个仓库；通州警备队和山田部队以南侧围墙为界，分别负责北、南两侧防御；夜间禁用一切灯火；谷本主计大尉于通讯所负责联络其他各部，并指示调度各部队所需物资；夜间行动暗号为“梅樱”等。

① [日]日本防卫厅防卫研究所战史室：《中国事变陆军作战史》（第一卷第一分册），中华书局1979年版，第207页。

② [日]《通州兵站司令部有关通州战斗详情的报告》，1937年7月，日本国立公文书馆藏档案。

③ [日]日本防卫厅防卫研究所战史室：《中国事变陆军作战史》（第一卷第一分册），中华书局1979年版，第208页。

④ 保安队起义后，驻扎在通州的警备小队、山田机动车部队、宪兵分遣队等在兵站司令官临时指挥下进行战斗。为了称呼方便，日军在报告战斗情况时统称该部队为辻村部队。

日军占据通州后，在城墙上向中国百姓射击。

面对日军飞机轮番轰炸，保安队没有防空装备，仅以机枪回击，实难坚持，不少人脱下军服，弃械逃跑，形势转为不利。张庆余决定乘日军援军到达前放弃通州，将保安队撤往北平投奔二十九军。

7月29日深夜，保安队分两路退往北平，到北平城下才得知二十九军已撤离，遂退至长辛店、保定一带。是时，保安队在北苑和西直门附近与日军关东军铃木旅团一部遭遇[①]。日军集中火力向起义军攻击。保安队官兵浴血奋战，腹背受敌，教导总队队长沈维干、区队长张含明带队突围，相继牺牲。其间，押解殷汝耕的汽车行驶到安定门与德胜门之间，押车士兵被日军冲散，殷汝耕趁乱脱逃。危急之下，张庆余下令分头突围，将全军分为120个小队，每队五六十人不等，经门头沟奔保定集合，与二十九军会合。[②]到达保定时，只剩4000余人。

第三阶段：通州城内遭日军报复"扫荡"，冀东伪政权被迫道歉、赔偿、为侵略者树碑建塔

30日上午9时许，日军酒井部队千余人开进通州城，见男人就关进西仓兵营；逐户搜查可疑之人，甚至一时起了屠城之意。下午

① [日]《今井武夫回忆录》，上海译文出版社1978年版，第53页。

② 张庆余：《冀东保安队通州反正始末记》，戴守义、秦德纯等：《七七事变：原国民党将领抗日战争亲历记》，中国文史出版社2013年版，第76页。

4时许，萱岛部队抵达通州，立即封锁各城门，并向各城门以及冀东政府派遣监视部队，“扫荡市内，使之逐渐恢复治安”[①]。辻村部队撤去周围警戒，将兵力集中至兵营和仓库，日军按户口逐户搜查，认为可疑的人就抓捕，后来这些人绝大部分被杀害。据伪县长王季章说，“在短暂的几天时间里，被处死者约有七八百人之多”。日军的报复举动，令通州城陷入极大恐怖。外逃的人不敢回家，在家的多趁黑夜越城逃走，或逃到美国教会避难，恐怖气氛持续两三个月[②]。日军把血腥镇压竟说成是“使东亚安定”“亲人善邻”，把中国人民在自己土地上反抗侵略者的正义行为污蔑为“共匪骚扰”“叛逆”。一些汉奸也谄媚宣称日本殖民统治是使“民众得以再甦”，甚至向日本进行道歉、赔偿、树碑建塔。

日本使馆方面获悉保安队起义情况，担心成为第二次庙街事件引发国内政治变动，不经向政府请示，就以参事官森岛守人全面负责，与代替殷汝耕执掌“冀东防共自治政府”的池宗墨进行会谈。1937年12月24日，池宗墨向日本使馆递交文件正式道歉，并允诺给予日方抚恤慰问金共120万元，当即交付40万元（其余80万元后由与之合并的“中华民国临时政府”继承并交付）。日本参事官森岛递交答复文件，宣告事件“圆满解决”[③]。

不仅如此，日方要求冀东防共自治政府无偿让出日人蒙难地区并负责修建“慰灵塔”[④]，强征中国劳工在通州新城南门里水月院胡同漕运总督衙门旧基和西仓广场东北角各建起一座“慰灵塔”，

① [日]《今井武夫回忆录》，上海译文出版社1978年版，第53页。

② 孙自凯：《“冀东防共自治政府”与通州起义》，《通州文史资料》1985年8月，第21—22页。

③ 《关于“通州事件”解决的经过》（1938年1月），[日]《新支那现势要览》，日本东亚同文会编印1938年版，第472—474页。

④ 《日本森岛守人谈“通州事件”》，南开大学历史系、唐山市档案馆编：《冀东日伪政权》，档案出版社1992年版，第47页。

“祭奠”在这次起义中日本死亡者，并通过日本领事馆强行移植天坛古树树种，种植于慰灵塔周边[①]。此外，强行拆除文庙汉白玉护栏为日军立碑，数百年的文物惨遭破坏。

四、起义作用与意义

“冀东保安队”起义继卢沟桥事变、南苑战斗之后，于日军围困平津之际发动，在北京地区抗战史中留下不容忽视的一笔，具有重要的历史作用和现实意义。

一是震慑日伪，提振平津地区抗日士气。“冀东保安队”起义，激战训练有素、工事坚固、装备精良的日军，击毙日军260余人（一说230人），攻占特务机关并击毙冀东特务机关长细木繁、特务机关助理长官甲斐，占领冀东伪政府并击毙伪政府日本顾问奥田重信、保安队第一总队顾问渡边、教育厅顾问竹藤、宪兵队长何田及“冀东银行”顾问等日伪头目，给通州日军及其傀儡政权以沉重打击。引致驻顺义、天津、大沽、塘沽、军粮城等地保安队也纷纷起义倒戈、抗击日本侵略军。

二是警示奸逆，迫使冀东伪政权另择“首府”。“冀东保安队”起义生擒汉奸殷汝耕，捣毁日伪政权各机关，瓦解了“冀东防共自治政府”在通州的统治。殷汝耕从被俘到脱逃，7月30日下午经日方救援躲进六国饭店，准备发表声明辞退冀东伪政府长官职务。日本关东军中一部分人对殷汝耕产生怀疑，天津日本军部电令北平日本宪兵队拘留殷汝耕，进行审查，直至1937年底才将其释放[②]。此后，殷汝耕逐渐失去日方信任，隐居北平。“冀东防共自治政府”在通州难以存留，残余人员1937年8月上旬迁至唐山，原伪政府秘书长池

① 《北京市特别公署管理坛庙事务所关于日本领事馆在通州慰灵塔种植树木应移植天坛树种给北京特别市公署呈》，北京市档案馆藏，档号：J057-001-00738。

② [日]今井武夫：《今井武夫回忆录》，上海译文出版社1978年版，第56页。

宗墨在日本军方支持下，重新组建伪政权。

三是教育世人，揭露日军的强盗行径和侵略本质。“冀东保安队”起义是在日军全面侵华背景下反抗日本侵略和日伪统治的正义之举。日方自己都承认“事件是由日本军队蛮横无理的行径引起的”[①]，却罔顾侵略中国领土、奴役中国人民的事实，装扮成事件“受害者”，要求中方道歉、赔偿、树碑建塔。这与此前帝国主义强加给中国的诸多不平等条约及八国联军在克林德遇害处修建碑坊一样，强盗行径、侵略本质昭然若揭。

面对日本军国主义者和汉奸卖国贼的蹂躏、压迫，中国人民在中国共产党倡导的抗日民族统一战线旗帜下，爆发全民族抗战。经过八年浴血奋战，日本侵略者最终落败，接受历史的审判与惩罚。

（执笔：周　进　陈丽红）

① [日]森岛守人著、赵连泰译：《阴谋·暗杀·军刀——一个外交官的回忆》，黑龙江人民出版社1980年版，第129—133页。

七七事变后北平市委的情况 /李常青

1937年7月日寇进城后，党员大批撤离北平，党事先估计不到敌人进城的日期，在撤退时较匆忙，有些人没有带走组织关系，留在城内的党员有些与党组织失去了联系；市委的负责人也走散了。敌人刚进城时，新的市委还未建立。不久，我在街上遇到黄敬同志，又找到刘杰同志，我们3人商议建立市委，推黄敬为书记，刘杰搞宣传，我任组织委员。这时和上级党的领导还未接上关系，只好独立工作。市委建立不久，黄敬才找到了省委的领导关系。

市委成立后，我们在黄敬同志家开过一次市委会，讨论今后工作的方向。曾研究过当时的工作重点是开展城内工作还是城外工作，隐蔽精干还是搞公开活动等问题，但没有得出什么结论。"七七"事变以前，北平党一直坚持发展组织，坚持公开斗争与秘密斗争相结合，并尽可能争取公开合法的斗争。"七七"事变后情况变了，环境与从前大为不同，敌伪统治残酷，大量发展组织难免要出漏洞。市委虽对以上问题讨论没有什么结果，但实际做起工作来对发展组织更慎重了，组织比以前更严密了，没搞过公开斗争，没再搞什么群众组织，只是由党员联系群众做做工作。

后来确定了大量往外输送党员干部的方针。"党员在城内只能起一个人的作用，到了城外就能起100人的作用”——这个观念我们是很明确的，所以我们毫不吝惜地往平郊抗日武装和根据地输送大批的干部。送到平西斋堂一带的最多，那一带有赵同的武装，输送到那里去的好处是：掌握赵同的抗日武装并使之发展壮大；通过平西到晋察冀根据地去。

（摘自李常青：《“七七”事变后北平市委的情况》，中共北京市委党史研究室：《北京革命史回忆录》第三辑，北京出版社1991版，第37—38页。）

中南海的“鸿门宴”

七七事变前夕，日本一方面认为“对于中国不加以一击，则不能打开局面”，准备对华实施强硬措施，频繁挑衅；另一方面妄图通过软化二十九军官兵，不战而屈人之兵，吞并华北。驻防北平的二十九军先后在喜峰口、罗文峪等地多次和日军交锋，面对敌人的挑衅更是摩拳擦掌，抗日情绪高涨。中国方面，尽管当时冀察当局的政策已经发生了变化，对日态度逐渐强硬，但是宋哲元还是力求以多种

第二十九军军长宋哲元（敬礼者）、副军长秦德纯（宋后）、第一一〇旅旅长何基沣（宋前）在西苑检阅部队。

形式表示"中日亲善"，以便不至于过早和日本闹成僵局。

为了缓和危局，1937年6月6日上午，冀察政委会在北平中南海怀仁堂举行宴会，招待日本华北驻屯军驻北平附近部队连长以上的军官。日本军官在宴会上嚣张跋扈，引起二十九军军官的极大愤慨，演出了一场新"鸿门宴"。

董升堂

日本出席这次宴会的有华北驻屯军旅团长河边，华北驻屯军特务机关长松室孝良，顾问松岛、樱井等30多人。第二十九军驻北平部队团以上的军官作陪，有二十九军军长宋哲元、北平市市长秦德纯、三十七师师长兼河北省主席冯治安、三十八师副师长李文田、三十七师一一〇旅旅长何基沣、三十八师一一四旅旅长董升堂、独立第二十六旅旅长李致远、一一四旅二二七团团长杨干三等，还邀请了北平的"社会名流"吴佩孚、张怀芝等人。每桌三四个日本军官坐客位，四五位中国军官坐主位相陪。宋哲元、秦德纯、冯治安、河边、松室、松岛、樱井、吴佩孚等共坐两席，是主坐席，其余军官分八张桌席入座。在两张坐席旁各设一张空桌，供上下菜肴使用。

宴会开始，东道主宋哲元致祝酒词，松室孝良致答词，大意是说，中日是同族同文的国家，应该力求亲善。继而中日两国，出席宴会人员穿插一起照相。酒到半酣，一个日本军官跳到空桌子上大唱日本歌曲，进行挑战。接着又有两个日本军官上桌子唱歌。这时，何基沣旅长随机应变，立即上桌子唱了一首《黄种歌》，"黄种应享黄海权，亚人应种亚洲田。青年！青年！切莫同种自相残，坐教欧美先着鞭。不怕死，不要钱，丈夫决不受人怜。洪水纵滔天，只手挽狂澜。方不负石笔铁砚，后哲先贤。"激昂的歌声，带动中国军人拍掌击节，暗暗叫好。

这时，又一日本军官跳上桌唱歌，下面一日本人独舞。日军军事顾问松岛也起立，先是舞蹈，后是舞刀，以显示日本军人武士道的威风。第二十九军出席宴会的军官们目睹日军如此器张，个个义愤填膺，人人摩拳擦掌，想与日军一拼高低。这时，只见副军长秦德纯对一一四旅旅长董升堂说："事急矣，你是打拳？还是耍刀？"董升堂回答说："先打拳，后耍刀。"话刚说完，董升堂一跃到席位中间，打了西北军流行的一套"八卦拳"。随后独立二十六旅旅长李致远也上前打了一套"花拳"，以示中国军人不可侮。接着，又有日本人用"倭刀"，在席间挥舞一通。董升堂见状，不知从哪里找到一把西北军使用的大片刀，劈了一趟刀法。日本人开始耍"倭刀"之时，李致远就命人回去取他的柳叶刀。董升堂刚演完他的刀法，李致远精神抖擞地又用"柳叶刀"耍了一趟"滚堂刀"。日本人交头接耳，骄横之气稍有收敛。比武不成，他们就又用计策，要用酒灌醉中国军人。于是，他们纷纷离席，走到李致远面前一面称赞他的刀法，一面开始轮番向他"敬酒"。李致远一饮而尽，尔后到厕所将酒吐出来，再来和日本人对饮，始终没有显露醉意。

面对李致远的"如海酒量"，日本军官只得另出新招。松岛解下腰间的武装带围在头上，在额间打一个结系牢，然后脱去上衣，把一壶酒放在头顶上。他同时点燃八支纸烟，三支叼在口中，两支塞进耳朵里，两支插入鼻孔，一支按在肚脐上。不知他用了什么法子，八支烟卷一会儿同时冒烟，一会儿又同时熄灭。中国军官看松岛出尽了洋相，便不再理睬他。

日人几招连连败北，又耍花招，提出比赛"书法"。他们叫勤务兵磨墨铺纸，尽心尽意地写起来。正当他们驻笔自赏的时候，只见吴佩孚挺身而出，饱蘸浓墨，一挥而就，在宣纸上书写一条大条幅，笔势矫捷飞舞，气象万千，令日军不得不为之折服。

这时，几个日本人一齐走到宋哲元跟前，用蛮力将宋哲元抬出酒席，一边喊着号子，一边将宋哲元往高举了一阵子，又有日本人将秦德纯也抬举起来。中国军官们见状，不约而同地将日军旅团长边村抬举起来，脱手向上抛，然后接住；另一些中国军官将日军特务机关长松室孝良、顾问松岛也抬举起来，往上抛。顿时，怀仁堂的气氛十分紧张，双方个个剑拔弩张，大有一触即发之势。此时，第三十七师师长兼河北省政府主席冯治安立即出来斡旋，叫双方都放下来，不要再“笑闹”了，“喝酒要紧”。宋哲元与松室孝良都强装笑脸先后讲了几句“中日亲善”的话，这场闹剧才匆匆收场，日军蓄意挑衅的阴谋未能得逞。宴会结束时，第二十九军的军官们满怀义愤、昂首阔步离开中南海怀仁堂。

怀仁堂宴会本是想缓和中日之间的尖锐冲突，谋求亲善，但却险致冲突。日军作为侵略者，骄横跋扈，二十九军广大爱国将士针锋相对，中日之间已经紧张到白热化的程度。中日战事一触即发。

那天那城

7月7日，小暑的第一天，是“国大”代表正式选举投票的日子。宛平县政府的工作人员从清晨分赴各区乡镇，忙着选举。根据河北省政府的规定，投票处的票箱要原封不动地送至保定省府所在地，而且要求一律当天送到。下午16时，各区乡镇的票箱都已送到宛平城。为了保证当天送到保定省府，宛平县政府秘书兼第二科科长洪大中与铁路部门商量，17：30分南下的客车在卢沟桥车站临时停车1分钟，派两人搭车护送十几个票箱去保定。大家松了口气。

但是，宛平城外演习的日军仍没有撤回丰台，并在构筑工事。为了防备万一，宛平城的城门都在天黑以前关闭了。

19时30分，随着中队长清水节郎的一声令下，第八中队扮作假想敌的一部分日军，从回龙庙附近迅速出发，越过一片荒草地，向东边的大瓦窑出发。

演习正式开始，扮作攻方的日军开始向大瓦窑方向的假想敌搜索前进。第一小队终于夺取了预设的守方警戒阵地，小队长野地伊七立即派二等兵志村菊次郎向中队长清水节郎报告这个“胜利”战况。

7月7日22点40分，中队长清水节郎感觉似乎有几声枪响，他立刻传令休息，集合队伍。在大瓦窑西“暗堡”附近集合的第一小队，队列中独独不见志村菊次郎。小队长野地伊七向中队长清水节郎请示后，立即领兵搜索前进，寻找志村菊次郎。

野地伊七找了近20分钟才找到了。原来，志村菊次郎在返回途中，弄错了方向，穿过第一小队所在位置的右方，走向东面的小山方向。他发现不对劲后，又返回来，在黑夜中瞎走乱撞，直到遇见寻找他的小队长一行。

就在这20分钟内，没等小队长野地伊七回来，中队长清水节郎就向远在丰台镇的第三大队大队长一木清直报告：演习中士兵一名失踪，请求派兵增援。一木清直接报后立即向他的顶头上司、驻扎在北平城里的第一联队联队长牟田口廉也报告。联队长牟田口廉也命令一木清直率第三大队开往卢沟桥，现场指挥战斗。

在向大队长一木清直报告的同时，中队长清水节郎派兵来到宛平城东门外，声称一名士兵"失踪"，要求中国第二十九军三十七师一一〇旅二一九团三营的值勤士兵开门，进城搜索。值勤士兵对日军的无理取闹、胡搅蛮缠早已见怪不怪，严词拒绝："别乱嚷嚷！我军正在睡觉，城门也关着。你们演习的士兵'失踪'跟我们无关，不能开城门。"被拒绝后，日军士兵威胁攻城。

此时，志村菊次郎已经归队，中队长清水节郎不敢耽搁，又马上向大队长一木清直报告。但一木清直认为：已经向联队长牟田口廉也报告"失踪"一名士兵，联队长已经下达交涉命令，如果因此中止行动，中国方面会如何宣传呢？于是，志村菊次郎归队的消息被日军上层严密封锁起来，日军继续向中方挑衅，并不断扩大军事行动。志村菊次郎的所谓"失踪"，给了他们一个难得的"机会"，清水节郎、一木清直、牟田口廉也这些狂热的军国主义分子自然不会收手。

驻守宛平城的二一九团苏桂青团副和三营营长金振中请示一一〇旅旅长何基沣。何基沣命令第二一九团：一、不要同意日军

二十九军官兵在军事演习中庄严宣誓，表示抗日决心。

进城；二、日军武力侵犯则坚决回击；三、我军守土有责，绝不退让，放弃阵地，军法从事。这样坚决的命令，令全城军民都非常振奋。人人摩拳擦掌，为部队往城墙上运送弹药箱和麻袋泥土，做临时防御工事。城内居民没有人惊慌失措，更没有为了自家安全想出城逃走的，都要为抗日出力。大家都齐心协力把东、西城门用麻袋堵紧，仅西门留一条缝隙，供人出入。家家户户用棉被遮窗，一可防煤油灯灯光外射；二可防止流弹。

日军进城不得，势成骑虎，于是把整个大队都从丰台调至宛平城外，列成攻城阵势。一面由日本北平特务机关长松井太久郎通知北平市市长秦德纯，威胁说若不同意进城搜索失踪士兵就要武力解决。秦德纯立即找宛平县县长王冷斋询问情况。此时，王冷斋并不在宛平城内。王冷斋身兼北平市政府参事及北平新闻检查所所长，一般上午到宛平县城批阅办公，下午离开，每晚必到新闻检查所办公。24时，王冷斋偕同日军参谋中岛从北平到达宛平城。不论在北平还是在宛平城外，中方与日方特务机关长松井、日军旅团长河边、联队长牟田口等的谈判，均毫无进展。因为不仅守城部队和保安警察查遍户口，根本没有什么失踪日兵，而且从时间计算，按平时习惯，那个时间也不会准许单身日

1937年7月7日夜遭日军炮击的宛平县城楼。

兵进城。但日军坚持要进城搜索，否则即要攻城；并限零时为期，如不开城，即炮轰。此时，中国军队业已做好充分准备，并抗议日军的无理要求。

7月8日1时左右，日军开始攻城，枪炮齐发，飞越城墙，县府大厅被轰塌，炸倒营指挥部房屋六间，炸死士兵二人、伤五人。防守阵地的各连长纷纷报告，中国军队给日军以猛烈回击。

七七抗战开始了，全民族抗日战争打响了，中国这头沉睡百年的睡狮醒了！

卢沟桥的枪声——不解之谜

进入卢沟桥事件（1937年）的反证之后，当时的华北驻屯军步兵旅团长河边正三大将（巢鸭监狱在押）、樱井德太郎中将等当事人作证说："事变发生后，一般认为有第三者在阴谋挑起日华两军的冲突"。

其真相怎样？中国检察官倪质问："从位置来判断，射击不是从日军附近地区发出的吗？"但没有人明确答辩，仍旧是一团迷雾。

在卢沟桥事件阶段还有田中新一中将、河边虎四郎中将等出来就陆军中央部门的方针作证。为安慰在硫磺岛战死的部下之灵而剃度的和智恒藏海军大佐，穿着袈裟坐在证人台上，其怪状引人注目。和智1937年（昭和12年）7月10日曾截收到北京美国海军武官给美国海军作战部的暗语电报。他叙述如下：

"10日下午3点截收到的这封电报，立即被解读出来。大意是，'据可靠情报，第29军（宋哲元）部下，不满现场协定，似乎要在今晚17点时对日本开始进攻'。我们觉得事关重大，马上打电话给海军军令部。但陆军因为当天已经订立了现场协定，最初不相信。谁知正如美国方面电报所说，10日晚起，中国方面开始了攻击，事变变得难以收拾。"

（摘自：[日]《朝日新闻》东京审判记者团著、吉佳译：《东京审判》，河北人民出版社1988年版，第209—210页。）

“失踪”的士兵

1937年7月7日晚，驻丰台日军第一联队第三大队第八中队的数百名日军，在未通知中国地方当局的情况下，径自开往中国驻军阵地附近举行所谓军事演习。

晚7时30分，清水节郎下令演习开始。日军部分军官和假想敌旋即按命令布置到东面活动。天完全黑下来以后，清水节郎率一半官兵向假想敌所在的东方移动起来。

22时40分，靠近中国军队附近宛平城东北日军演习位置突然响起几声枪声。临近日军演习地的中方卢沟铁桥阵地担当守卫任务的是三营十一连三排，排长李毅岑听到枪响，当即到哨上查问情况，哨兵报告说有六名端着三八步枪的日本兵，来到铁路桥头附近的回龙庙前挑衅，要

日本侵略军在丰台附近进行军事演习。

求强登河堤。哨兵喝令他们止步，六个日本兵抬手就朝我方阵地打了几枪。哨兵自卫还击，也打了几枪。六个日本兵随后狼狈逃跑。

清水节郎听到枪声，立即命令停止演习，同时吹响集合哨全中队点名。一日军小队长向清水节郎报告说，失踪了一名叫志村菊次郎的传令兵。清水节郎感到失踪一名士兵是件大事，怀疑志村被中国守军绑架，便立即向大队长一木清直少佐报告。驻守丰台的一木清直听了清水节郎的报告，对志村菊次郎的失踪非常重视，立即将事件报告给北平的联队长牟田口廉也大佐。牟田口廉也随即命令一木清直带领丰台的一个中队急赴宛平城，与中国方面进行交涉。一木清直得令后立即整合队伍，带着500人的一个中队和6门重型火炮由丰台开往宛平增援清水节郎中队。

此前，在清水节郎电话报告一木清直后约20分钟，失踪的士兵志村菊次郎已经归队，表明其并非被中国方面绑架。志村菊次郎是个新兵，担任传令兵，他在解手返回时迷了方向，才误了归队。小队长将此情况报告给了清水节郎中队长，清水节郎立即报告了联队长牟田口大佐。牟田口一听，为时已晚了，他害怕北平日本特务机关长对他的谎报事实给以处罚，于是，就将这个事实隐瞒了下来。但他万万没想到，正是由于他的瞒报，才使得日军以"演习地带传来枪声，有一士兵（志村菊次郎）失踪"为借口，发动了震惊中外的七七事变，从而引发了中日两国战争的全面爆发。

多年后，牟田口在手记中写道："我当时一是想打一仗，出出威风，二是怕受到处罚，所以隐瞒了这个事实。但是，我确实没有想到就此引发了中国人民的全面抗日战争。"当时日本联合通讯社驻上海分社负责人松本重治战后也回忆，那位名叫志村菊次郎的"失兵"，在"走失"后不久即归队，原因是解手返回时，走反了方向。

时任日军前线指挥官的一木清直大队长在东京《朝日新闻》

1938年6月30日发表的采访中也说明了士兵志村菊次郎走失后又返回："当时接到报告士兵（志村）已经回来了，没有异状。但是，我的想法是联队长让我就此事（和中国方面）进行交涉，如果就这样算了，中国方面会怎样宣传就不知道了。此前的'丰台事件'就是例子，也许会让他们产生只要敢真枪实弹地对付就可以让演习的日本军队逃跑这样的概念吧。如果是那样，对日本来说是很遗憾丢脸的事情，所以，我方决定占领一文字山（卢沟桥和北平之间的中方阵地）然后再严正交涉。"

而无意中引发了惊天巨变的传令兵志村菊次郎这个"小人物"并没有受到任何惩罚，七七事变后不久他便退出现役，被遣送回国，但很快又再次入伍，加入日军第十八师团，参与了南京大屠杀。1944年10月，第十八师团在缅甸孟拱被孙立人率领的中国远征军新一军彻底击溃，志村菊次郎亦被击毙。至此，这名早在七年前就在北平"失踪"的日军终于在距事发地点万里之遥的泥泞沼泽中找到了自己最后的归宿。

日军士兵"失踪"事件制造者之一的一木清直少佐，在1942年8月21日的关岛战役中被美军击毙；而七七事变中下达开枪命令的牟田口廉也大佐，也于1945年12月被逮捕，1946年9月被移送至新加坡受审，应了那句"多行不义必自毙"的古语。

佟麟阁、赵登禹牺牲地考

长期以来，有关赵登禹、佟麟阁将军殉国的具体地点，一直语焉不详，众说纷纭。为了缅怀这两位爱国将军，笔者利用日本方面的解密档案资料，钩沉辑佚，对当时赵登禹、佟麟阁将军的殉国地进行了如下考证。

日军资料记载伏击赵登禹佟麟阁两将军经过

有关赵、佟两将军殉国的记载，见于当时参加南苑之战的二十九军三十八师一一四旅旅长董升堂的回忆："佟、赵两将军因体力衰弱，步履维艰，乃同乘汽车企图到永定门收容部队，以资攻击再举。但狡黠诡诈的日军，早已在南苑至大红门公路两侧埋伏重兵，并以大队的坦克车在大红门附近截断公路的交通，所以佟、赵两将军和随护汽车4辆驶出南苑北营市街不远，就遭遇到敌伏兵猛烈

二十九军副军长佟麟阁。

二十九军一三二师师长赵登禹。

的火力射击。4辆汽车全被击毁。佟、赵两将军同时牺牲，随护人员等也全部殉难。”

据日方史料记载，1937年7月26日，日本中国驻屯军步兵旅团长河边少将决定要攻打北平广安门，当夜他调集战车队和部分兵力，与残留广安门外的第二联队广部大队的余部汇集，预定在凌晨2点半，发起攻击。可是在27日凌晨1点左右，在丰台的旅团长河边中止了攻击，下达“以主力准备攻击南苑”的“旅作命甲第四六号”命令。日军本计划在7月27日正午攻击南苑，由于在北平城内的日侨没有撤离完毕及日军集结时间不足，攻击时间改为7月28日早晨。

7月28日早5点半，日本中国驻屯军步兵旅团第一联队（即牟田口联队）第二大队从新发地（南苑西北方）、第三大队从潘家庙堤防上发起进攻，向南苑兵营西北角进击。上午8点，日军牟田口联队长推进指挥部进入万字地十字路西南角。9点25分左右，日军炮兵小队长中岛少尉在联队指挥部附近的一个屋顶上指挥炮击时，看到有少数国军士兵向北方撤退。联队长牟田口立即登上屋顶确认后，判断南苑的国军开始撤退了，随即派人传令，令在南苑西北角附近的第三大队北进天罗庄，遮断国军退路。

在槐房东端附近第三大队长一木少佐接到命令后，命令部队进发天罗庄。日军第三大队先头部队抵达天罗庄东南方的庙宇亭子，击退这里的少数国军守军，主力部队在10点40分到达亭子附近，此处东侧百五十米处是三岔路口，即从大泡子来此处道路和南苑——北平的汽车道交叉处。一木少佐以前在计划对抗演习时，曾来过此地调查。第三大队开始布置作战阵地，先击退了部分退下来的国军士兵后，又伏击了乘马而来的国军骑兵部队。国军骑兵在日军猛烈的火力下毫不畏惧，奋勇拼杀，几至全员殉国。

随后日军以增援的机枪队为主体，重新布置了阵地。在上午12点45分，日军发现有车队出现。12点50分，当车队迫近阵地300米内，日军突然开始猛烈射击，遭受攻击的汽车反而加速欲突破日军防线，结果在日军主阵地60米前在道路上被我骑兵队战马尸体所阻，后面的轿车和卡车也是同样停车。乘车的国军官兵从车上跳下来，和步兵散落在主道和两边漕沟侧，向日军射击，但抵不过日军的优势火力，经过一番鏖战，我军官兵纷纷伤亡。

下午2点时分稍过，日军机关枪分队士兵发现在两侧主道上有一辆被击坏的轿车车中阵亡军官的口袋之中有数枚"赵登禹"字样的名片。士兵随即报告给小队长佐佐木中尉。日军大队长等人立即赶到现场检视。经日军检视，发觉这位阵亡军官应该是"副官"，而另一位端然正座、表情自若的殉国者才是赵登禹将军。在车中，日军还发现赵登禹将军给宋哲元的多封书信。依据这些日军断定此人为赵登禹。司机右大腿被子弹贯穿受伤，据他证实，死者确为赵登禹将军。

而从车中脱离准备到本道西侧的漕沟侧隐蔽，不幸中弹殉国的另一位将官，被日本宪兵队认定为我二十九军副军长佟麟阁。

赵、佟两将军殉国地点的考证

日军提到的天罗庄是哪里呢？笔者通过北京图书馆所保存的一张上世纪30年代老地图，得到了答案。老地图上清晰地记载了天罗庄的位置，即现在黄亭子北面地域，也清晰地记载了从槐房北侧大泡子北进路和轻轨铁道及北平南苑汽车路的交叉处——天罗庄的西南处。

有关赵将军撤退的那条道路，在新中国成立开始即从事城市建设工作的孔庆普先生在《也谈南郊黄亭子》文中有记载："北京解放以前，永定门至南苑的道路称永南路，在永南路的西边有一条窄轨铁路，俗称小铁道"。这些证明了日资料中所提的汽车道即"永南路"和轻轨铁道。结合现在的地图来看，"永南路"就是现在的北京大红门南路。当时天罗庄位于"万国运动赛马会场"的西南。以日军作战部队所记载的地图、北京老地图结合现在一般北京地图来看，所谓"天罗庄"南方的亭子就是现在北京南郊的黄亭子附近。

通过现在的北京地图及日军地图比例来推算，赵登禹将军的殉国地就是大红门南路和通久路、久敬庄路交叉的路段之间，而国内也有记载赵将军"在黄亭子附近（大红门南路黄亭子宾馆）遇敌伏击，壮烈殉国"一说。从而佐证了日军记载。

那么赵登禹将军的遗体又是如何处理的呢？据记载，在7月29日上午9点30分左右，日军驻北平特务机关接到"赵登禹昨夜在南苑中流弹身亡"的通知，随即通知中国有关方面，在下午3点由中方派人接收赵登禹将军遗体，临时安置于城内怀仁堂内。

宛平城何时失陷?

1937年7月7日，侵华日军以士兵失踪，要求进入宛平城搜查为名挑起卢沟桥事变。中国守军在卢沟桥和宛平城英勇抗击，使宛平古城与卢沟桥一样举世闻名。七七事变中敌我双方交涉、战斗过程虽有国民党参战将士回忆录予以记载，但对于诸多交战细节仍语焉不详，尤其是对日方侵略情形似雾里看花。其中，关于二十九军撤离的说法，包括从宛平城撤离，多是记述为奉蒋介石命令“悄悄撤退”。果真如此吗?本文钩沉辑佚，收集一些国内及日军解密档案，还原7月29日宛平城失守经过，揭示二十九军守城部队是在和南苑战斗一样拼死战败后弃守的，而不是一些回忆录所描述的“悄悄撤退”，拱手相让。

卢沟桥事变爆发前夕，驻守宛平城的国民党第二十九军一一〇旅第二一九团三营，是一个加强营，营长吉星文，以及保安第一旅第二团第二营，共1400余人，装备有自动步枪、轻机关枪、重机关枪和轻重迫击炮等武器，而且在长辛店高地的中国守军配有迫击炮和数门大炮可进行协助援战。

事变爆发后，日军急切想攻占宛平城，进而打开进占北平，甚至进窥中原的通道。日军对于宛平城做了详细的秘密侦察。日军方侦察资料记载，宛平城城墙高约十米、宽五米，闭合式绕城四周。

东西两面有城门突出，四角及南北侧均设有防御工事。宛平城东西城门，为两重门，其中东门较为坚固，时常封闭，城上有工事筑起掩防阵地。在城墙外侧掘有二米深、三米宽的壕沟。东城门外有几户居民住家，东侧约250米，有个沙丘地带，其中有若干高粱地和树木，因有碍防御被中国守军砍伐清除了。在城的北侧也有一些树木被砍伐清除了。在城墙外面的阵地上，中国守军设置了地雷、鹿砦路障，并构筑了应对装甲车的战壕，铁道桥东侧及平汉线到卢沟桥城东北角设置侧防。中国军队在宛平城构建了完整的外围防御阵地。

七七事变后戒备森严的宛平城。

7月8日，侵华日军一边在城内与中方进行交涉会商，一边迫不及待地在城外进行武力恫吓，甚至在东北角向中国守军射击，“以迫击炮攻城，命中专员公署，房屋大都被毁”。7月11日起，日军再次以大炮轰击宛平城及其附近一带，城内居民伤亡颇多，团长吉星文亦负伤。城内居民被迫往城外安全地带疏散。战事亦由卢沟桥、宛平城一带扩大到八宝山、长辛店、廊坊、杨村、南苑等处。中国守军二十九军各部分散于各处应敌。日军出动飞机在各处侦察扫射，战事时断时续，由北平至宛平电话也常被日军破坏，不能通话。由于7月8日以来，日军几乎都是从城东北角发起攻击，所以中国守军加强了东北角防御，同时也加筑了永定河东岸的堤防作为侧防线。

中国军队在南苑战斗中失利后，日军急速转进丰台地区，并制定了占领宛平城的作战方案。

7月28日下午，中国军队在南苑战斗中失利。二十九军军长宋哲元奉命下令北平部队经门头沟向保定方向撤退，何基沣率第三十七师一一〇旅在宛平至八宝山一线掩护部队南撤。

此时，日本中国驻屯步兵第一联队急速转进丰台地区，并且在装甲车队和炮兵部队的配合下，进入宛平城附近的一文字山，即沙岗村界大枣园一带，开始攻击包围日军野口骑兵部队的二十九军部队，最终城外中国守军撤出战斗。该联队属下第三大队随即占领东五里店、西五里店、一文字山及洪太（泰）庄一线，并以此为阵地，准备进攻卢沟桥、宛平城、八宝山一带中国守军。

7月29日上午9时，日本中国驻屯步兵旅团旅团长河边正三在丰台驻地召开所属各部队长会议。河边于9时40分下达了攻击卢沟桥、宛平城的"步一作命第六二号"命令。这次充当主攻先锋的就是挑起卢沟桥事变的日本中国驻屯步兵第一联队，联队长牟田口廉也大佐。

牟田口联队长接到命令后，立即向第二大队长步兵少佐筒井恒传达了作战要领，指定第二大队为攻击宛平城的突击队，并制定了占领宛平城的作战方案。

牟田口联队长在16时从丰台出发，赶往一文字山指挥作战。一文字山是一个小沙丘高地，非常适合作为炮兵观测地，也是宛平城外唯一的制高点。站在岗顶可以清楚地看到宛平城东门及城墙，这里成了日军进攻宛平城的炮兵阵地，但是对于城内西、北侧及城外西侧河中间岛等地的炮击却极为困难。日军突击队第二大队大队长筒井恒少佐在各中队长及副官的陪同下，也来到一文字山，实施要地侦察，然后部署攻击。18时12分，日军从城外东北角和东侧开始炮击。与此同时，在洪泰庄的福田装甲部队从城壁东南角附近展开行动，向宛平城西侧进攻。

中国共产党为日军进攻卢沟桥通电

（一九三七年七月八日）

全国各报馆，各团体，各军队，中国国民党，国民政府，军事委员会，暨全国同胞们！

本月七日夜十时，日本在芦〔卢〕沟桥，向中国驻军冯治安部队进攻，要求冯部退至长辛店，因冯部不允，发生冲突，现双方尚在对战中。

不管日寇在芦〔卢〕沟桥这一挑战行动的结局，即将扩大成为大规模的侵略战争，或者造成外交压迫的条件，以期导入于将来的侵略战争，平津与华北被日寇武装侵略的危险，是极端严重了。这一危险形势告诉我们：过去日本帝国主义对华"新认识"，"新政策"的空谈，不过是准备对于中国新进攻的烟幕。中国共产党早已向全国同胞指明了这一点，现在烟幕揭开了。日本帝国主义武力侵占平津与华北的危险，已经放在每一个中国人的面前。

全中国的同胞们！平津危急！华北危急！中华民族危急！只有全民族实行抗战，才是我们的出路！我们要求立刻给进攻的日军以坚决的反攻，并立刻准备应付新的大事变。全国上下应该立刻放弃任何与日寇和平苟安的希望与估计。

全中国同胞们！我们应该赞扬与拥护冯治安部的英勇抗战！我们应该赞扬与拥护华北当局与国土共存亡的宣言！我们要求宋

哲元将军立刻动员全部廿九军，开赴前线应战！我们要求南京中央政府立刻援助廿九军，并立即开放全国民众爱国运动，发扬抗战的民气，立即动员全国海陆空军，准备应战，立即肃清潜藏在中国境内的汉奸卖国贼分子，及一切日寇侦探，巩固后方。我们要求全国人民，用全力援助神圣的抗日自卫战争！我们的口号是：

武装保卫平津，保卫华北！

不让日本帝国主义占领中国寸土！

为保卫国土流最后一滴血！

全中国同胞，政府，与军队，团结起来，筑成民族统一战线的坚固长城，抵抗日寇的侵掠！

国共两党亲密合作抵抗日寇的新进攻！

驱逐日寇出中国！

中国共产党中央委员会

一九三七年七月八日

（中央档案馆编：《中共中央文件选集》第11册（一九三六——一九三八），中共中央党校出版社1991年版。）

中央关于卢沟桥事变后华北工作方针问题给北方局的指示

（一九三七年七月八日）

北方诸同志：

芦[卢]沟桥战争有扩大可能，不管日方将扩大为大规模战争或将暂时取外交压迫形式，我党在平津在华北应立即开始执行下列方针：

甲、坚决保卫平津保卫华北，提出："不让日本帝国主义侵占中国寸土"、"为保卫国土流最后一滴血"等口号，动员全体爱国军队全体爱国国民抵抗日本帝国的进攻，在各地用宣言传单标语及群众会议进行宣传与组织的动员。

乙、立即与政府当局及各界领袖协商执行上述方针之具体办法，迅速组成坚固的统一战线，对付当前的重大事变。

丙、立即在平绥平津以东地区开始着手组织抗日义勇军，准备进行艰苦的游击战争，在平汉线津浦线亦应准备组织义勇军，注意与各界爱国分子合作。

丁、进行坚决的反汉奸斗争。

中央书记处

八号

（中央档案馆编：《中共中央文件选集》第11册〈一九三六—一九三八〉，中共中央党校出版社1991年版。）

驻中国步兵第一联队战斗详报第一号

自昭和十二年七月八日至昭和十二年七月九日
卢沟桥周围战斗详报

第一，战斗前彼此形势概要

一、彼此一般情况

1.中国军队简况

直接与我联队接触，并且在事变开始就和我联队对抗的，主要是宋哲元指挥的二十九军，下面将该军情况作一简述。二十九军指挥部设在北平，其所辖主要有4个师，1个特务旅，2个混成旅及1个骑兵独立旅。另外，在华北边区有一个师称为保安队，由步兵4个旅及1个特务团组成，其兵力约有一万五至六千人；骑兵师兵力约有3000人；独立混成旅兵力约有3000至4000人；独立骑兵旅兵力约有1500人左右；保安队兵力约有2000人；全军总计兵力约有十万人。

事变前兵力配备驻防情况概要：

二十九军司令部及孙玉田指挥的特务旅驻防在南苑。

冯治安指挥的三十七师驻防北平市内及卢沟桥地区，其主要兵力部署在北平西郊、南苑，还特别将一个旅部署在保定。

张自忠指挥的三十八师，驻防天津小站、大站、廊坊等地，北宁线上的各点和马厂、仓县等地，以及津浦线上的各点，而将主力部署在南苑。

赵登禹指挥的一三二师，驻防任丘、大名、南宫等地，而将主力部署在河间府。

刘汝明指挥的一四三师，以宣化、柴沟堡、赤城等地为主要防区，其主力部署在张家口，又将一部部署在蔚县。

阮玄武指挥的独立混成三十九旅，其主力部署在北苑。

刘汝明兼任指挥的独立混成四十旅，驻防在张家口、延庆、怀来等各地。

郑大章指挥的骑兵九师，驻防在长辛店、良乡、源县及固安等地，其主力部署在南苑。

姚景川指挥的独立骑兵十三旅，其主力部署在宣化。

石友三指挥的华北边区保安队约3000人，其主力部署在北平北郊黄寺，另将一部部署在北宁线上端的黄村。

2.平时彼此双方的关系

二十九军主要首脑平时口头对日军总是讲日中亲善，但反而倒骂日军为友军的南京政府，所以，表现出来的任何现象都应该加以注意。华中、华南方面作为旁观者，该方面的中国军事首脑们的态度与一般情势相比较，流露的思想显得非常温和。然而，中国军队内部情势决不尽然。综合谍报人员的报告和其他诸情报可见，他们均利用各种机会向士兵宣传，强调反日。日军最担心的是进行这种错误的教育，并以此鼓舞士气。事实上，他们真正的意图是向南京政府施加压力，而以施行抗日教育这种办法隐瞒自己的目的。另外，鉴于中国的抗日热情普遍高涨，随即采取此举以抬高自己的地位。虽然如此，一面亲日，一面反日的欺骗政策已是明摆着的事实。因此，联队官兵搞军事演习等活动时，直接接触的是中国军队营长以下的官兵，其态度多是非礼不逊的，而我帝国军队在一般情况下，对待他们常常是以忍让的态度，对其非礼的事情，先通知二十九军领导机关，使之不止一次地责备部下不合作的不妥行为。还有类似的玩笑，为了避免中国军队下级官兵的不法行为，使他们少受点刺激，在演习时不管有什么必要的要求，均预先通知，以消除误解，尽量保持不酿成事端。

3.丰台事件

如上所述，他们的不逊行为一件件举不胜举，故此，潜伏下特别是这次联队长对事变处理意识。关于处理本次事件之初的重要决策，和联队官兵积极行动为导火线的是去年9月18日发生的丰台事件。下面将丰台事件的概况记述如下：

昭和十一年9月18日，驻屯于丰台的第三大队的第七中队，为在卢沟桥附近举行夜间演习，当日午后5时从兵营出发，临到丰台车站前时，与当时驻扎在丰台正在返回营地的约一个中队的中国士兵相遇，而中国士兵随意手指该中队尾部的护兵进行侮辱。对此，走在队伍前边的指挥官小岩井中尉来到队尾阻止中国士兵的非礼行为，中国士兵不但不听劝阻，反而用枪托狠砸该中尉的坐骑，故此，该中队包围了中国军队，并将他们迫入兵营。这一情况通知了大队长，大队长一木少佐接到报告，立即命令全大队紧急集合出发包围中国兵营。同时，驻守在丰台以南600米处造甲庄（赵家庄）的中国军队，准备对我丰台兵营进攻，其一部已开到停车场，摆起挑战阵列，呈现出一触即发之势。此时，联队长遵照旅团长的命令赶忙到现场，与中方交涉员冯治安的部下许长林交涉，达成以下解决这一事件的条件：

(1)在丰台及造甲庄的中国军队迅速撤走，然后两地的中国军队统一驻扎。

(2)驻丰台中国军队的非礼行为要进行道歉，处罚有关肇事者。

(3)我方让中国军队道歉承认其非礼行为，是提倡皇军武士道精神，以恢复平时的友好关系，特别是为免于武装冲突，同意撤回全部军队。

交涉员许长林向宋哲元转达了日军的武士道好意。可是，到当日午后，中方的军队不但依然驻扎在丰台，而且又发生了新的问题。后来，据谍报人员报告才知道，中国方面扬言，我撤回部队的宽大措施，是惧怕中国军队势力的结果。联队长对中国军队不守信用的行为极为愤懑，认为这完全是对日军武士道精神的不理解，未料到我过于忍让的作法却损伤了皇军的威信。今后，对于中国军队不法行为决不宽恕，立即予以严惩，对于他们侮日排日观念加以打击，对于他们惯用的手法持以不信任的态度是绝对必要的。

这一事件提高了我军的威望，并且将事件局限在小范围内，以最快的速度平息了势态，确信对部下也是一次深刻的教育。

4.鉴于中国方面的态度，我必须有所准备

根据我方对中国总形势分析，侮日排日情绪日益高涨，预计不可避免的迟早要发生异变。但是，如前所述，我军对中国军队的态度仍以友军相待，针对其非礼行为，尽力说明以解除误解，保持日中友好关系。可是，虽然处理了意外事件，遗憾的是我行动已非常迅速，恰似迅雷不及掩耳之势，但有几次仍处于极其被动的状态。所以，我军在夜间战斗的情况下强调保持平时训练的要求。特别是新操典章发布以来，联队全体将士专心致志进行黄昏、黎明和夜间的训练；另外，对驻屯地附近的地形，要求每一个士兵都要熟悉，并能在夜间自由活动。再一方面，在制定奇袭中国军队的指挥机构、兵营、城门等演习方案时，均要调派各级军官进行实地反复勘察，依据多次实施演习的经验，在队伍出发时规定好所要完成的任务（我联队是按着原来的大小行李、机枪、炮兵弹药小队编成，没有马匹车辆用征集来的地方车辆及马匹补充，机枪中队及炮兵部队的人员不足，就从其他中队临时调人，这样的编制遗憾的是平时训练、教育无法开展。关于队伍的编制整顿意见，已于本年3月递交到军部，以待解决。这样，为演习准备的项目才能达到目的，取得预期的效果。

二、关于最近中国方面的动向

1.企图本年9月18日恢复满洲失地的情报

根据本年5月的情报分析，中国军队有可能在9月18日纪念满洲事变这一天，由山西经察哈尔在外蒙与苏军联合，一举收复满洲失地，而且，当天也正是去年丰台事件日。据以上情况判断，中国如果没有大规模的行动，亦会有其他情况出现。

2.去年末绥远事件的影响

去年绥远事件，中国军队击溃日本支持的蒙古军，取得暂时胜利，为此，排日情绪日益高涨。今年4月南京方面，在绥远集中冀察、西南要人，为在此次平息事件英勇作战牺牲的烈士举行祭灵大典上，以傅作义为首的将军们，抗战救国气势高昂。

3.本年春南京谈判的影响

今年春天，在南京的日中谈判有进展。则南京方面却煽动和支持冀察要人，使他们侮日观念升长，从而对待冀察问题的态度强硬起来。特别是冯治安、秦德纯等持主战态度，此情况如即与南京相呼应，必然坚定其交战之决心。本年春夏北京周围中国军队的状况(下面讲述)，已有相当的战斗准备，而在本次事变前尚未完成充分的战斗准备时，突然事变爆发了。

4.北京城门加强守备和增派部队巡逻的情况

至今年6月北平各城门中国增兵守备，且称为流动巡逻。特别是在夜间常常看到北平市内及郊外有巡逻部队执勤。

5.卢沟桥附近中国军队的情况

事变发生前，卢沟桥附近的中国军队增加兵力后，其态度立时不逊。

(1)兵力增加情况

平时在卢沟桥周围的兵力情况为：城内驻扎着营部和一个连的兵力；长辛店驻扎着约一个骑兵连。本年5月10日乃至下旬期间亦未发生变化。卢沟桥城外部署着一个连的兵力，卢沟桥中之岛(俗称)部署着约两个连的兵力，到6月长辛店新增加步兵二一九团的约两个营的(相当于本部的第一、二大队)兵力。

(2)加强防御工事的情况

在长辛店高地，以前是在高地脚下构筑两个永久性的机枪防御阵地，在高地上端构筑了野炮阵地。6月份后，在卢沟桥附近构筑了散兵战壕，由龙王庙至铁道沿线的堤防上，及东方已设置的战壕加以整修加固。而且，以前用砂石秘密埋藏着的"暗堡"（对着北平方向，以前的目的是为掩护进入与退却。以卢沟桥为中心埋设10余个"暗堡"并在永定河左岸地区构筑了桥头堡）掘开（主要是夜间施工）。

（3）抗日情绪及对日非礼不逊态度迅速高涨

拒绝通过宛平城。关于通过宛平城的问题，去年初驻丰台时，就拒绝日军部队通过。对此，日方提出抗议，要求排除通过宛平城障碍。丰台事件之后，中国军队对日关系有了缓和，他们为弄懂日文，配备了懂日文的军官，并努力消除误解弥补伤痕。最近，再次拒绝日军通过宛平城，为通过每次都要进行繁琐的交涉。

（4）对演习的抗议

卢沟桥附近一带是供北宁线采取砂石料的场所，这一带属于荒芜地区，多适应种植落花生，不过也有农作物。在夏季高粱茂盛时节，此地是丰台驻屯部队演习唯一场所。然而，最近日军举行演习时，中国军队纷纷指责说日军踩踏了农田，或要求日军夜间演习事先通知他们，若对此置之不理，仍然进行夜间实弹演习等，便进行抗议。随后逐渐加强警戒。

（5）对活动区域的限制

以前，龙王庙附近的堤坡及向南到铁道拐角处均是日军自由活动的区域。最近，特别是从6月下旬便不准日军在此地区活动。尤其是在日军兵力少时，为阻挠日军行动，以致表现出非礼不逊的态度。

（6）防务配备变更情况

不但守备既设阵地，而且到6月下旬以来，龙王庙附近以南配备兵力严加防守，尤其是到了夜间，其地区更是增加兵力严加警戒。再有，一文字山兵力的配备。以前一文字山配备的全是哨兵。目前在日军实施夜间演习时，他们便在该地配置部队警戒，到天亮才将部队撤去。

三、战斗前中国军队态势

1.据夜间演习部队报告，可以

看到龙王庙附近和铁路大桥与宛平城之间，用城墙上的电灯进行频繁的信号联络。

2.卢沟桥及长辛店附近中国军队兵力部署（二一九团）情况，在简图之三（略——编者注）注明。

3.卢沟桥附近中国军队部署情况在简图之三（略——编者注）注明。

四、关于最近日军态势

1.在卢沟桥附近日军的活动

日本驻屯军对中国军队的态度如前所述，仍常常以友军相待，若有非礼行为亦是以理谕之。特别是鉴于帝国处在危机四伏的情况下，日军行动十分慎重，尽量避免酿出事端。可是，为完成驻屯军的根本任务，我们专心训练，尤其是勤于夜间演习。如前所述，因卢沟桥附近的地形，特别是农作物的关系，这里是丰台部队，也是北平部队平时举行演习的合适地方。据卢沟桥附近增加中国军队及其他情况，乃至他们的全部情况来判断，一定是受到南京的指令；另一方面，我军的活动也刺激了他们，可以举例说明：

（1）丰台驻屯部队在本年中期（6月到10月是大队及中队的演习训练时期，5至6月是中队训练阶段），以中队为单位，进行昼夜不停的训练。

（2）在一文字山（俗称）集中大批军事将领，于5月下旬在该地对丰台驻军准备随时进行检阅。

（3）联队长去丰台部队，在该地检阅中队的训练，并如期带领随从人员一次又一次地在该地探查。

（4）旅团长、联队长一起在该地（丰台）附近检阅演习部队。

（5）本年6月底至7月上旬，步兵学校教官千田大佐为推广新步兵操，在宛平城北面操练部队进行表演，北平及丰台部队的多数军官都参加了。

2.联队长的关注

联队长通知：根据中国方面整个动向，情势逐渐恶化，不会急骤发生险恶情况，只是策动的反日情绪在高涨。因此，命令部队加倍注意平时的变化，做好随时出动的准备。特别命令丰台驻屯部队要注意"暗堡"的挖掘和工事增加情况。

五、事变起因

1.第八中队夜间演习受到中国军队射击。第八中队是7月7日午后7时30分举行夜间军事演习，由龙王庙附近向东至大瓦窑，利用夜幕接近中国军队主阵地，黎明发起冲锋，该中队长预先知道龙王庙附近夜间部署了中国士兵，为避免其误会，故向龙王庙以东开始演习。该中队在演习过程中，于午后10时40分突然遭到由龙王庙附近中国军队既设阵地发出的数发子弹射击。中队长立即中止演习，吹号集中队伍时，又从卢沟桥城墙上射来十数发子弹。此时，中队长在大瓦窑西"暗堡"附近集合队伍发现少了一名士兵。断然决定对中国军队予以惩罚，传令部队作好战斗准备，并急报丰台大队长。

2.大队长对此采取的措施

大队长正好于子夜前在丰台军官宿舍，接到第八中队的报告，命令部队紧急集合，决定立即出动。同时，将情况报告了联队长。

第二，战斗开始及经纬

一、联队长接到报告所采取的措施

1.对第三大队长的指示

当时任北平警备司令的河边少将出差不在，到南大寺(秦皇岛西边)的军营检阅步兵第二联队的中队演习去了，由联队长代理军务，联队长7月7日夜子时前后，突然接到第三大队长一木少佐关于事件起因的概要情况，和丰台驻屯部队马上出动处理事变的电话报告。对此，联队长当即表示同意，并命令一木大队长迅速到现地作好战斗部署后，呼出卢沟桥城内中国守军的营长进行交涉。

2.派遣森田中佐到现地

7月8日午前2时，联队长派遣森田中佐到现地调查，及要求中国方面负责人道歉。并强调必要时应以断然惩罚的严厉态度交涉，为此，适当地派步兵一个中队，机枪一个小队与冀察方面调停委员会人员，从卢沟桥东门同时入城。第三大队主力则集结在卢沟桥停车场西南方附近，以随时可开始战斗的态势在那里待命。

3.和中国交涉员交涉的情况

午前3时，特务机关员寺平大尉陪同宛平县长王冷斋、外交委员林耕宇来到联队本部。联队长问王冷斋：阁下，以什么资格前来交涉现地事变问题？王冷斋说：以代理宋哲元的资格前来交涉。联队长又说：宋哲元是冀察政务委员会的委员长，又是二十九军军长，阁下是文官，既然有代理军长的资格，怎么没有资格处理事变开始时的急迫情况呢？并让他追查二十九军得到谁的命令做出不法行为的。他支支吾吾地回答：没有得到秦德纯的电话指示。因其交涉不得要领，而情况紧急，一刻也不允许犹豫，森田中佐立即带领他们到一文字山，时间是午前4时。

附记：

(1)讯问交涉员资格的理由

当时，为观察中国交涉员的态度，看他们对此次事件的发生是否真正感到遗憾和重视，以及坚决制止卢沟桥附近中国军队射击的诚意，诚为其非法行为立即道歉。

可是，在此时作为交涉员的完全是没有掌握绝对命令权的非军人，来敦促侮日观念甚强、头脑简单的军队是不合适的，要求起码派一位有威望的旅长进一步交涉。这是询问其资格的原因。但在这种紧急的情况下，信赖也好，不适当也罢，一刻也不允许犹豫，都要派遣到现场。其结果又起到什么作用呢？另一方面，中国派遣的是文官，尤其当时宋哲元不在北平，代之的是平时遵循南京旨意和谋划的秦德纯，鉴于此，他和南京是一丘之貉。本来，冯治安在上次的协议书（丰台事件签订的协议）中签着不扩大本事件的保证，现在又故意制造此事件，而且，王县长完全是以秦德纯的电话指示进行交涉，要取得什么效果，推测起来感到茫然。

(2)派遣森田中佐为交涉员的理由

根据当时的情况，以卢沟桥事件为契机，观察北平市内中国方面首脑机关的动静，和注意西苑、南苑、北苑等地中国军队的情况，对此要有采取措施的准备。另外，代理北平警备司令的联队长，由此判断离不离开北平去现地。

4.对第一大队长的命令

当时，第一大队的大部为参加中队教练演习在通州厂营，命令该部迅速到北平朝阳门外射击场附近集结，然后向丰台进发。

第三，战斗经过

一、联队长的决定

联队长午前4时稍过接到第三大队长电话报告和请示："午前3时25分听到龙王庙方向三发枪响，中国军队已是第二次射击，纯属敌对行为。应如何处理，请指示。"

据此情况，联队长经过慎重考虑后确定，中国军队第二次射击纯系敌对行为。果断命令可开始战斗。此时是午前4时20分。

二、第三大队长的行动

第三大队长接到命令后，坚定了进攻中国军队的决心。在去一文字山途中，于西五里店（卢沟桥东方约1800米）西方大道东侧的农田里，会见了二十九军顾问樱井少佐，得知以下情况：

（1）樱井少佐会见冯治安时，问卢沟桥不法射击之事，冯说："他的部下绝对没有在卢沟桥城外部署部队。射击之事不是中国军人所为。"

（2）假若冯在城外配备了部队，而这样任意射击，恐怕也不是冯的部下。如果是冯的部下在城外，我们能不能立即对之攻击？冯说："城外如果有，那也必定是土匪。"

以上所说全是冯的欺骗之词，其目的在于回避责任。这是中国人惯用的手法，心地卑劣，应当唾弃。

根据和樱井少佐会见后了解到的城外兵力配备情况，大队长决定进攻。在展开必要的兵力准备攻击时，森田中佐从北平出发来到现场，联队长对其所作指示是一面部署部队，一面进行交涉，因此，制止了大队的攻击，命令即将发射的炮兵停止射击。大队长考虑如果进行交涉需要时间，故命令部队停止前进，原地不动，吃早饭。此时，在龙王庙附近的中国军队误认为我停止前进是怯懦，再度向我射击。于是大队长认为最初商量的结果已没有保留的余地，决定即刻予以惩罚，命令攻击中国军队前沿阵地。森田中佐见此状知道也没有其他办法扭转局势，任凭大队长处置。此时是午前5时30分。当时第三大队的攻击态势第四简图（略——编者注）注明。

第三大队攻击进展一如平时演习，约15分钟后消灭了龙王庙附近的中国军队，并进至永定河右岸。

三、森田中佐指挥出动部队

联队长午前9时25分下达以下命令，命令森田指挥出动部队。

命令7月8日午前9时25分于北平联队本部

阁下：指挥进攻到卢沟桥附近的部队，同时要求卢沟桥的中国军队撤退到永定河右岸，必要时解除其武装。

四、联队长到现地战场指挥联队行动

7月7日夜间事件发生以来，联队长牟田口大佐因旅团长河边少将不在，代理警备司令在北平处理事件问题。7月8日午后零时20分，联队副中佐冈村胜实归队，联队长将北平警备司令的职务委托于冈村中佐代理。自己亲自到前线指挥，午后1时从北平乘车，随同者有联队少佐河野又四郎及书记2人，1时40分到达丰台兵营。当时前线战斗已结束，中国二十九军军事顾问樱井少佐正在卢沟桥城内与中方交涉。守备丰台的一小队长（步兵准尉山田孝澄）报告了此情况后，联队长一行立即赶到一文字山。在该处受到欢迎，并听取了当时任现地指挥官的森田中佐关于前线战斗的情况报告，和后来部队在停车场附近集结的目的。据此，联队长亲自指挥现在的第三大队及炮兵部队。此时是午后3时。

其后，于午后3时50分，河边旅团长乘列车到达丰台。午后6时30分旅团命令，全线作战直接受旅团长指挥。当时彼此作战态势第六简图（略——编者注）注明。

五、下面是战斗经过简况与新下达的命令及理由

(1)联队长在森田中佐陪同下，沿平汉线到卢沟桥铁道桥视察完前线后，在卢沟桥停车场(距卢沟桥东北方约700米)下达以下联队命令。步一作命第一号

联队命令　7月8日午后4时10分　　于卢沟桥停车场

1.第三大队、炮兵部队现在由联队长指挥。

2.联队第一大队主力到一文字山附近待命，然后集中力量进攻卢沟桥东北角。

3.第三大队(大队炮兵为一小分队)午后6时由现在地区开始转进到龙王庙北方，渡过永定河，以平汉线停车场西方为中心，"发信号"抢占位置准备攻击。

4.第一大队(大队炮兵为一小队)准备攻击一文字山。

5.进攻出击时另听命令。

6.炮兵部队掩护第三大队转移后，占领大瓦窑(距卢沟桥停车场北方约400米)西南方附近阵地，对准主要攻击点准备射击。

7.无线电班在停车场附近设立通讯站。

8.预备队在卢沟桥车站待命。

联队长牟田口大佐

下达法:召集接受命令者传达笔记。而第一大队到达后，口头传达给大队长的。

……

第五，彼此交战时的兵力、部队番号及损失情况

一、日军兵力

联队本部第一大队(9日没有参战)、第三大队、炮兵部队(联队的炮4门、大队的炮4门)。

二、中国军队兵力、部队番号

二十九军三十七师一一〇旅二一九团的两个营约800名士兵，迫击炮4门。

三、彼此损失情况

7月8日至9日两天的战斗中，日军损失如下：死亡11名，伤36名。

中国军队损失情况如下：在龙王庙南侧附近及铁道桥附近遗弃尸体约30具。其他地区据中岛顾问讲，在城内中国军队死伤百

名；长辛店方面，据密探报告，7月8日至9日的战斗后，从长辛店附近搬运走尸体百余具。

第六，总结参考

关于本次事件爆发时，联队长的决心及部队的行动，感觉到与去年9月18日的丰台事件有着重大关系。比如：对于胆敢侮辱皇军的行为断然加以惩罚；对于他们侮日排日观念予以打击；对于他们惯用的不守信用作法，采取宽容的态度。所有这些都是绝对必要的。除此之外，深感为保持皇军威严，将事件局限在小范围内迅速解决，并要求日军今后注意日中关系等等。以上这些问题前面已谈到。

一、在思想上和行动上已有准备之时，恰好事件爆发。联队长接到丰台驻屯队长的报告，即感到确信无疑，马上决定了对中国方面的态度。再有，丰台驻屯队长采取坚决果断、勇猛和机动灵活的行动，相信这也是导致事件爆发的一个重要环节。

二、当初，森田中佐在一文字山允许炮兵射击，以及大队长对龙王庙之中国军队的进攻，这都是得当的。森田中佐代理北平警备司令，联队长受命到现地调查，并要求中方肇事者道歉。午前4时由北平联队本部出发，于午前4时45分到达一文字山。此时，出动部队和炮兵已占领一文字山阵地。对此，一木大队长为确定龙王庙附近是否有中国军队，根据命令射击，又得到樱井中佐同意，包括先前中佐出发时联队长对第三大队长下达的有关战斗指示，到认真圆满完成任务，都是奉联队长的意图去做的，也是恰当的。而且，此事件的结果，中国军队承认了不法行为，使我军处于有利地位，取得甚大胜利。

解决此事件问题，看起来是执行统一命令，实际开始等待射击命令，但在情况紧急的形势下，不容大队长对此多加考虑，而是临机采取措施予以制止的。

另外，一木大队长午前4时20分接到联队长的重要指示：中国军队再次对日军射击，他们的态度已明确，马上可以开始战斗。其次，一木大队长从二十九军顾问樱井少佐那里得知："冯治安明确表示，自己的部下绝没有部署在卢沟桥城外，在城外的不是中国军队，是土匪。"对此，为确定龙王庙附近是土匪还是中国军队，必须以火力侦察才能搞清楚。先命令炮兵射击，这样，也免除中国军队事后对攻击的任何争议理由。并且，大队长从去年丰台事件领会到，中国军队平时凡有侮日的态度及目前的事态，需要外交谈判解决的都要断然加以一击，才有利于今后的交涉，以及矫正侮日的态度要快。所以，攻击龙王庙的中国军队，必须在其退进卢沟桥城内之前予以惩罚。结果，大队长的考虑和决定是极为正确的。但遵照森田中佐的指示停止了攻击，在监视中国军队情况时又遇到龙王庙方面的射击。鉴于中国军队愈演愈烈的不法行为，与我日军公正的态度相对照，可以向世界宣告，日军是在忍无可忍的情况下进行攻击的。已经停止进攻的日军，这时一跃而起扑向中国军队阵地，以疾风迅雷之势一举攻破中国军队防线。一时军威大振，展示了进攻部队的真正本领。之所以有这样的成绩，不外乎是平时教育和训练结果。

三、如实反映平时训练结果

去年5月联队方成立，联队长就来到我们训练场训话，他说"在战场上必须提高警惕，禁止放过一草一木，因我日军兵力极其寡弱，要对付极优势的中国军队，必须依靠夜战才能取胜。"后来，在平时巡视、检阅当中又不断对此强调之。由于联队长的重视与督促，联队全体官兵专心训练，最后达到每一个士兵能熟悉驻屯地附近的地形地物，并可以在夜间自由活动。

时值中队检阅前夕(计划7月9日开始对中队进行检阅)，中队训练已达到最高潮，部队在团结的基础上达到最团结的时期。在事件中部队平时训练的结果，如实反映出来。比如，命令第三大队由永定河右岸向卢沟桥停车场附近集结。当时，部队冒着中之岛及侧方芦沟桥城墙烧起来的浓烈战火，收容起战场上死伤日军，渡过永定河水深过胸的浊流，在漆黑的夜色下集结起来。此举，虽是广大官兵的机智勇敢，但相信多是平时勤学苦练的结果。

四、傍晚，由永定河转移，部队牢记命令，在困难的条件下运动着，进入夜间时竟圆满的完成了集结任务。永定河右岸一带杨树繁茂，在此隐藏条件甚佳。但在现地执行撤退命令确有困难，因多数死伤的日军官兵都在这一带杨树地区。前线中队费尽苦心将其收容，结果，待自卫转移已是夜间。在这种情况下，部队仍然全部极其完整的集中起来，完成了转移任务。

战功录

一、特种功勋部队：丰台驻屯部队（第三大队、炮兵步队）。

本次战斗特点，完全是由一般情况突然转变为战斗的。经过多次外交协商均受到肘掣，导致为纯属正式战争。指导战斗的中心目的是，保存自己，消灭敌人。事件爆发时，丰台部队按照指挥官命令，未有丝毫怠懈之处，其以迅雷不及掩耳般的闪电攻势冲向中国防线，战场上惨列状况使人胆战心寒。而日军进攻部队井然有序，真如平时演习一般。这是军纪严明训练周密所致。另外，平时硬性要求每一个士兵都应具备应变能力。而这一点，已在非战斗时期就完全彻底的达到了标准。结果，事变爆发当初，日军军威大显，一举战胜中国军队，惩罚了其不法行径，制止了事变扩大，使我日方处于有力地位，从而亦向世界表明了日本国的公正态度。

其功勋卓著。

（原载于《北京档案史料》1990年第3期、第4期）

卢沟桥

全国重点文物保护单位。

位于北京市丰台区西部，横跨永定河，桥东为宛平城。建于1192年（金明昌三年），总长266.5米，宽7.5米，下有11个涵孔，是华北地区所存最长、最古老的石制联拱桥。桥栏上雕有485个姿态各异、形象逼真的石狮，具有很高的艺术价值。桥两端入桥口的两侧，共有石制华表四根。两端雁翅桥面及桥头上有清康熙重修卢沟桥碑、乾隆修葺卢沟桥碑和“卢沟晓月”碑。重要的地理位置使该处成为华北地区军事要地。1937年7月7日晚，侵华日军以卢沟桥为攻击目标进行演习，后借口士兵失踪要求进入宛平城搜查，遭到中国守军拒绝。日军遂向中国守军发起进攻，挑起七七事变，又称卢沟桥事变。这一事件标志着日本帝国主义继1931年九一八事变之后，进一步扩大对华战争，也标志着中国人民抗日战争的全面爆发。卢沟桥因此载入中国人民抗日战争的史册。

1981年，设立卢沟桥文物保管所。同年，在卢沟桥城北街建立卢沟桥史料陈列馆。1988年7月，在卢沟桥东的宛平城内修建中国人民抗日战争纪念馆。1995年，卢沟桥与宛平城一起被命名为北京市爱国主义教育基地。

宛平城

全国重点文物保护单位。

位于北京市丰台区西部卢沟桥以东。全城东西长640米，南北宽320米，总面积20.5万平方米。1640年（明崇祯十三年）建。原称拱极城。清代在此设员管理永定河水利，拱卫京师安全。1928年12月，宛平县公署由北平城迁至此，将拱极城改名为宛平城。宛平城位于平汉铁路的起点，是北平的西南门户，有着重要的军事意义。1937年7月7日晚，侵华日军在卢沟桥附近进行军事演习，称丢失一名士兵，要求进入宛平城搜查，被中国守军拒绝。8日晨，日军突然向卢沟桥和宛平城发起进攻，并炮轰城墙和城内建筑，城楼、闸楼、中心楼、角楼、敌楼和部分垛口被炸塌，城墙顶部被毁。宛平县署及城内民房破坏严重，并造成居民伤亡。吉星文率守城的国民革命军第二十九军第三十七师第二一九团将士多次反击，虽然重创日军，但宛平城最终失守。宛平城和卢沟桥因此载入中国人民抗日战争的史册。

1984年和2001年，北京市人民政府对宛平城进行两次大规模修复。1988年7月，中国人民抗日战争纪念馆在城内落成。1995年，宛平城与卢沟桥一起列为北京市爱国主义教育基地。2000年8月，中国人民抗日战争纪念雕塑园在宛平城外南侧建成。

中国人民抗日战争纪念馆

全面反映中国人民抗日战争历史的大型综合性专题纪念馆。全国爱国主义教育示范基地、北京市优秀爱国主义教育基地和国防教育基地。

位于北京市丰台区宛平城城内街101号，距卢沟桥500米。1987年七七事变爆发50周年之际向公众开放，由邓小平题写馆名。1997年7月二期工程完成并开放。占地面积3.5万多平方米，馆前的抗战广场面积8600平方米，中央矗立着象征中华民族觉醒的"卢沟醒狮"青铜雕像。广场中轴线两侧各

中国人民抗日战争纪念馆

分布7块草坪，广场北侧矗立14米高的国旗旗杆，寓意七七事变和中华民族14年抗日战争。纪念馆建筑面积2.1万多平方米，主体建筑包括主馆、资料中心、南北四合院3部分。主馆外墙为乳白色大理石，锻铜大门镶嵌着独立自由勋章图案。文物藏品以1931年至1945年抗日战争时期的各种历史文献和相关实物为主，同时也收藏日本自1874年以来侵略和占领台湾的各类文物，内容涉及军事、政治、经济、文化、社会等诸多历史侧面。截至2014年，馆藏各类文物达两万余件（套），其中一级文物达百余件（套）。

2015年7月7日开幕的《伟大胜利　历史贡献》主题展览，是中国人民抗日战争暨世界反法西斯战争胜利70周年纪念活动的重要内容。展览共分"中国局部抗战"、"全民族抗战"、"中流砥柱"、"日军暴行"、"东方主战场"、"得道多助"、"伟大胜利"、"铭记历史"等8个部分，总面积6700平方米，展出照片1170幅、文物2834件。

纪念馆曾远赴日本、美国、新加坡等国家和台湾、香港、澳门地区举办抗战主题展览。

中国人民抗日战争雕塑园

以中国人民抗日战争为主题的纪念性雕塑公园。

位于北京市丰台区卢沟桥城南街77号。北倚宛平城，西临永定河卢沟桥，与中国人民抗日战争纪念馆在同一轴线上，形成宛平城抗日战争纪念主题的南北主轴线。1995年7月7日由中共北京市委、北京市政府兴建，2000年7月竣工，8月15日对外开放。雕塑园集历史、文化、艺术和爱国主义教育于一体，主要由中心广场、雕塑群区、百名将军石鼓和绿林景区等部分组成。总占地20万平方米。

中国人民抗日战争纪念雕塑园

中心广场 占地2500平方米。为下沉式广场。地面由花岗岩铺砌成精美图案，所用石材均选自中国抗日战争的主要战场。一条用大鹅卵石铺底的河流萦绕在纪念碑和广场间，象征着中华民族的母亲河——黄河。广场中央建有中国人民抗日战争纪念碑。碑高15米，宽8米，厚6.6米，碑身为铜铸雕塑，造型为一巨大的花岗岩将侵略者的坦克、大炮等战争机器碾碎，象征着正义必胜、侵略者必败，以及中国人民反抗侵略的不屈不挠精神。碑名"中国人民抗日战争纪念碑"由江泽民题写。

雕塑群区 面积2.25万平方米。38尊直径2米、高4.3米青铜铸造的柱形雕塑，以中国民间传统艺术手法雕刻，以中国传统碑林形式布阵，分布于中国人民抗日战争纪念碑周围。表现了中国人民不屈不挠的民族精神和大无畏的英雄气概。全部雕塑以《义勇军进行曲》为主线，按抗日战争的不同时期分为4个部分：第一部分"日寇欺凌"，有雕塑9尊，分别为"腥风血雨"、"山河破碎"、"虐杀劳工"、"南京大屠杀"、"'731'魔窟"、"狂轰滥炸"、"'三光'罪孽"、"家破人亡"、"惨绝人寰"，反映日本侵略者在中国制造的种种暴行。第二部分"奋起救亡"，有雕塑7尊，分别为"中华怒吼"、"万众一心"、"义演义捐"、"赤子报国"、"送郎参军"、"生产支前"、"钢铁洪流"，表现中国军民奋起救亡的情景。第三部分"抗日烽火"，有雕塑11尊，分别为"血肉长城"、"同仇敌忾"、"铁流激荡"、"战地救护"、"复仇怒火"、"大刀雄风"、"军民情深"、"巾帼赞曲"、"血色童心"、"寸土不让"、"血战到底"，表现中国军民誓与日本侵略者决战到底的决心。第四部分"正义必胜"，有雕塑11尊，分别为"铜墙铁壁"、"雪地英雄"、"中流砥柱"、"破袭风暴"、"雷震神威"、"地道奇袭"、"芦荡雁翎"、"南国劲旅"、"运筹帷幄"、"战马嘶鸣"、"欢呼胜利"，表现中国军民百折不挠，夺取抗战胜利的情景。

百名将军石鼓 是一处集传统金石文化、书法艺术、爱国主义教育、国防教育和旅游观光于一体的大型艺术文化园。共有石鼓128面。石鼓直径多为80—100厘米不等，少量为60或130厘米，高约80—90厘米，重数百斤。每鼓中间镂空，用鼓棰敲击即可发出沉厚鼓声。128位将军各撰写《日军侵华暴行日记》一篇，由书法名家以“楷、隶、篆、行、草”等多种字体书写后环刻石鼓之上，并配有英、法、日等3—8种外语译文，日记记录着日军侵略中国的罪行，以永示后人“一石记耻不记仇，百鼓敲出警世钟”。

绿林景区 面积8.56万平方米。内有大面积草坪，植有雪松、白皮松、合欢、银杏、珍珠梅、连翘、西府海棠等数十种乔灌木。

雕塑园与抗日战争的著名纪念地卢沟桥、宛平城遥相呼应，毗邻中国人民抗日战争纪念馆，共同组成国内最大的纪念抗日战争的爱国主义教育基地。2000年被命名为北京市爱国主义教育基地。

卢沟桥抗战诗歌

卢沟桥之歌

佚名

卢沟桥、卢沟桥，男儿坟墓在此桥！
最后关头已临到，牺牲到底不屈挠。
飞机坦克来勿怕，大刀挥起敌人逃。
卢沟桥，卢沟桥，国家存亡在此桥！

卢沟桥、卢沟桥，男儿坟墓在此桥！
委屈忍痛和平保，无可避免上刺刀。
自卫应战理气壮，挺剑而起是今朝。
卢沟桥，卢沟桥，为国争光在此桥！

卢沟桥、卢沟桥，男儿坟墓在此桥！
豺狼入室露牙爪，南北骠突真逍遥。
快快拼起民族命，最后胜利是吾曹。
卢沟桥，卢沟桥，立功报国在此桥！

满江红·卢沟闻警

郭沫若

1937年

怒气冲天，推窗望，战云变色。
伏牖下，一腔孤愤，奋飞无翼。
大好河山拚焦土，几多膏血任饕餮。
莫黄昏，犹在睡乡中，嗟何及？

庚子耻，犹未雪。卢沟辱，何时灭？
恨老天沉醉，平津陷敌；
壮士饥餐鹰虎肉，笑谈渴饮倭奴血！
待明朝重整旧金瓯，完无缺。

卢沟桥战歌

霍松林

1937年秋

侵华日寇愈骄矜，救亡大计误和亲。
东北已陷热河失，倭骑三面围平津。
燕台西南三十里，宛平城外起妖氛。
卢沟桥上石狮子，饱阅兴亡又惊心。
“七七”深宵巨炮吼，永定河畔贪狼奔。
攻城夺桥势何猛，欲将城桥一口吞。
阴谋控制平汉路，南北从此断车轮。

伟哉我守军，爱国不顾身。
寸步不让寸土守，直冲弹雨摧枪林。
守桥健儿力战死，守城壮士分兵出西门。
挥刀横扫犬羊群，左砍右杀血染襟。
一以当十十当百，有我无敌志凌云。
征程暗，晓月昏。屡仆屡起战方殷。
天已亮，炮声喑。城未毁，桥尚存。
守军有多少？区区只一营。
竟使强虏心胆裂，一夕丢尽大和魂。
朝阳仍照汉乾坤，谁谓堂堂华夏真无人！

哀北平

杨沧白

1937年

倭寇深侵焰更狂，故都倏忽竟沦亡。
不堪文物成灰烬，剩有遗黎饮弹枪。
千古伤心唯国破，四朝名迹已景凉。
回思旧梦十年事，耻向人称第二乡。

吊佟、赵

冯玉祥

1937年8月1日

佟是二十六年的同志，赵是二十三年的兄弟。
我们艰苦共尝，我们患难相从。

论学问:

佟入高教团,用过一年功,

赵进教导团,八个月后即回营。

论体格:

同样强壮,但赵比佟更伟雄。

佟善练兵心极细,赵长杀敌夜袭营。

佟极俭朴,而信教甚诚。

赵极孝义,而尤能笃行。

二人是一样的忠,二人是一样的勇。

如今同为抗战阵亡,使我何等悲伤。!

但我替他二位想想,又觉得庆幸非常。

食人民脂膏,受国家培养,

必须这样死,方是最好下场。

后死者奋力抗战,都奉你们为榜样。

我们全民族已在怒吼,不怕敌机如何猖狂。

最后的胜利必在我方!

最后的胜利必在我方!

你们二位在前面等我,

我要不久把你们赶上。

编辑手记/黄　艳

编辑《卢沟桥纪事》这一辑，重温这一段历史，最大的感受可以用两个词语——“屈辱”与“抗争”来形容，这也是近代中国历史给人的总体感受。而在《卢沟桥纪事》中，“屈辱”与“抗争”，体现得尤为集中。

1937年7月7日，日本帝国主义者以制造卢沟桥事变为起点，发动了全面侵华战争。中华民族面临着亡国灭种的危机，已是退无可退，让无可让，全国抗战由此开始。

即使对日本抱有幻想的蒋介石也发表了庐山谈话，指出：“如果战端一开，就是地无分南北，年无分老幼，无论何人，皆有守土抗战之责任，皆应抱定牺牲一切之决心。”当然，在这次谈话中，蒋介石也留下了伏笔，指出中国政府对于卢沟桥事变的总原则是“希望和平而不求苟安，准备应战而决不求战”。这种态度，也反映在南京政府在卢沟桥事变发生后的应对过程中。事变一发生，中国守军即表示“城和桥的守兵，誓与城桥共存亡”，英勇反击日军进攻，可是南京政府又想把这一事变限于“局部事件”处理，一味相信和谈，结果丧失了战机，在日军大部兵力尚未开到的时候，未能给驻丰台日军以歼灭性的打击，造成以后战事的完全被动。

卢沟桥事变发生的第二天，中共中央向全国发出《为日军进攻卢沟桥通电》，呼吁全国人民：“日本帝国主义武力侵占平津与华北的危险，已经放在每一个中国人的面前。”“平津危急！华北危急！中华民族危急！”号召“全中国同胞、政府与军队团结起来，筑成民族统一战线的坚固长城，抵抗日寇的侵略！”毛泽东、朱德、彭德怀致电蒋介石，要求“实行全国总动员，保卫平津，保卫华北，收复失地”。中国工农红军将领也致电宋哲元：红军誓为二十九军抗日的后盾。

卢沟桥事变，促成了国共合作和抗日民族统一战线的正式形成。卢沟桥事变后开辟的中国战场，就是世界反法西斯战争的东方主战场，是由国民党的正面战场和共产党领导的敌后战场组成的。从1937年至1945年长达8年的时间里中国人民“顶住了日本人的野蛮进攻和在亚洲大陆广大地区牵制住大量的敌军”。1945年9月2日，中国抗日战争胜利结束，世界反法西斯战争也胜利结束。

从九一八事变爆发，到卢沟桥事变发生，千千万万的中国人民空前觉醒、团结御侮，近百年来，中国人民第一次取得民族解放战争的完全胜利！

“昭昭前事，惕惕后人。”旧耻虽已雪，但历史仍应牢记！